پہلا پتھر

(افسانے)

بانو قدسیہ

© Taemeer Publications LLC
Pahla Pat'thar *(Short Stories)*
by: Bano Qudsia
Edition: July '2024
Publisher :
Taemeer Publications LLC (Michigan, USA / Hyderabad, India)

ISBN 978-93-5872-711-1

مصنفہ یا ناشر کی پیشگی اجازت کے بغیر اس کتاب کا کوئی بھی حصہ کسی بھی شکل میں بشمول ویب سائٹ پر اپ لوڈنگ کے لیے استعمال نہ کیا جائے۔ نیز اس کتاب پر کسی بھی قسم کے تنازع کو نمٹانے کا اختیار صرف حیدرآباد (تلنگانہ) کی عدلیہ کو ہو گا۔

© تعمیر پبلی کیشنز

کتاب	:	پہلا پتھر (افسانے)
مصنفہ	:	بانو قدسیہ
صنف	:	فکشن
ناشر	:	تعمیر پبلی کیشنز (حیدرآباد، انڈیا)
سالِ اشاعت	:	۲۰۲۴ء
صفحات	:	۱۰۶
سرورق ڈیزائن	:	تعمیر ویب ڈیزائن

فہرست

(۱)	ذات کا محاسبہ	6
(۲)	خورد سال	19
(۳)	ہزار پایہ	24
(۴)	اقبالِ جرم	31
(۵)	الزام سے الزام تک	36
(۶)	بہوا	56
(۷)	پہلا پتھر	61
(۸)	خود شناس	84

ذات کا محاسبہ

تکلی گھٹڑی کی طرح وہ بکھرا وجود تھا۔ اس نے کئی راتیں ہمسائے کے چھتنار درخت کو کھڑکی میں سے دیکھ کر گزاری تھیں۔ سدی شان کو اس درخت کے پتے ڈالوں چاندنی راتوں میں خاموشی چپ کے ساتھ بہت پُر اسرار وحدت لگتی تھیں۔ وہ سوچتا کہ اتنے سارے پتوں کے باوجود درخت کی اکائی کیسے قائم رہتی ہے۔ اگر یہ پتے ڈالیوں سے علیحدہ ہو جائیں تو ان بکھرے پتوں کو کیسے سمیٹا جا سکتا ہے۔

تب تک اسے معلوم نہیں تھا کہ پتے درخت کے اپنے وجود سے پیدا ہونے دالے تھے اور وہ جن خواہشات کی وجہ سے تھرتھرا تھا۔ اس کے میرونلے سے آتی تھیں۔ کبھی کبھی کار چلا نے ہوتے اسے احساس ہوتا کہ جس طرح جاپانی خود کشی کرتے ہیں اور ہارا کیری کرتے وقت اپنی کوکھری کے ساتھ تمام انتڑیاں اور پیٹ کے عضلات نکال پھینکتے ہیں۔ ایسے ہی اس کے بھی کسی عمل سے اس کا انتڑیا پیٹ بکھر گیا اور اب وہ جلدی اور پٹھوں کی منصوبہ مطلوب حال نہیں تھی جس میں اس کے بکھرے ہوئے وجود کو مُندھا جاتا۔

اس بات کا ایک بار اسے جھٹکا سا خیال ان چھاہ کی چھٹیوں میں آیا تھا۔ جب اس نے ایف۔اے کا امتحان دے کر اپنے کے دانتے سے اپنے لیے بہت لمبے چوڑے پلان

بناتے تھے۔ صبح سونگ پھر درزش پیرگزار کے سبق، شام کو فرینچ کی کلاسیں رائیڈنگ وغیرہ تمام دوستوں کے ساتھ فرداً فرداً سچ کا رشتہ، ماں باپ کی عزت، بہن بھائیوں سے محبت، رشتہ داروں کا پاس۔۔۔۔

ایف۔اے کے امتحانوں سے پہلے اسے زد دوسروں سے اتنی توقعات نہیں تھی نہ ہی وہ اپنے وجود کو اس قدر گھونٹ کر رکھتا تھا لیکن امتحانوں کے دنوں میں اس نے بڑی محنت کی پرچے اچھے ہوئے اور پہلی بار اسے احساس ہوا کہ وہ اپنی ذات کا محاسبہ اور مواخذہ کیے بغیر زندہ نہیں رہ سکتا۔ محاسبہ چاہے کسی غیر کا ہو یا اپنا ہو ہمیشہ کڑا ہوتا ہے۔ اس میں چوٹی دو دتی کی چھوٹ نہیں ملتی۔

اس محاسبے تلے وہ بہت جلد کثیر المغاصدہ ہوتا چلا گیا لیکن ایف۔ایف پاس تھا اس لیے اسے علم نہ ہو سکا کہ فوارے کی طرح وہ بہت سے چھیدوں میں سے نکل کر چھوار تو بن سکتا ہے آبشار کی صورت اختیار نہیں کر سکتا۔ جب تمام تجارتوں کا گرد ڈبنے کی خاطر اسے اپنا سونا، کھانا پینا، آرام گپ بازی ترک کرنا پڑتی نوا اندر ماجرا نہ آنے کا خیال ابھرتا اسے لگتا جیسے وہ کسی مبہم سے عارضے میں مبتلا ہے لیکن اس نے اپنے آپ سے ایسی توقعات وابستہ کر رکھی تھیں کہ اپنے بنائے ہوئے ضابطے سے باہر نکلنا اس کے بس کی بات بھی نہ تھی۔

ایک روز وہ الیکٹرونک کی ہابی میں مشغول اپنے ارد گرد بہت سے مرکٹوں کے کاغذ چپیں تاریں گتے کاوپاپھیلائے بیٹھا تھا کہ ماموں آ گئے۔ ماموں خوش مزاج بان، متوسط طبقے کے کچھ بے فکرے کچھ ذمے دار آدمی تھے۔ انہوں نے اپنی کائنات اس قدر نہیں پھیلا رکھی تھی کہ اس کے نیچے انہیں خوف آنے لگے۔

"مچھلی کا شکار کھیلنے جا رہے ہیں، چلو گے؟"

"نہاں ماموں ۔۔۔ میں یہ چھوٹا سا سرکٹ مکمل کروں۔"

ماموں آرام سے کرسی میں بیٹھ گئے۔
"ذی شان!"
"جی ماموں:"
"تم بہت اچھے آدمی ہو:"
"ٹھیک ہے ماموں:"
"باوجود کہ تمہارے ابّو امی نے تم پر زیادہ توجہ نہیں دی۔ تم میں ایک اچھا انسان بننے کی تمام خوبیاں اور خرابیاں موجود ہیں:"
"ٹھیک ہے ماموں:"
"بات یہ ہے بیٹا ACTIVITY بہت اچھی چیز ہے لیکن کثیر المقاصد انسان اتنا ہی پراگندہ ہو جاتا ہے جس قدر سست الوجود کام سے نفرت کرنے والا پوستی — اپنے آپ کو کہیں دھجیوں میں نہ بانٹ دینا۔ سالم رہنا — سالم:"
ماموں کی بات بالکل نہ سمجھتا تھا پھر بھی اس نے سوال کیا؟ وہ کیسے ماموں آج کی زندگی میں سالم کیسے رہا جا سکتا ہے:"
"بس خواہشات کا جنگل نہ پالو — آرزو کا ایک پودا ہو تو آدمی منزل تک بھی پہنچتا ہے اور بکھرتا بھی نہیں:"
ذی شان جو کہ گوشت پوست کا بنا ہوا انسان تھا اور انسان جو بھی سیکھتا ہے یا تو ذاتی لگن سے سیکھتا ہے یا اپنے تجربے کی روشنی میں غور سے سیکھتا ہے۔ اسی لیے تجربے کی کمی کے باعث ذی شان کو ماموں کی باتیں کتابی لگتیں۔ پھر یہ بات بھی تھی کہ ماموں متوسط طبقے کا آدمی تھا۔ اس کی قمیض کے کالر پر ہلکی سی میل ہوتی۔ ماموں کا رہن سہن معمولی تھا۔ ایسے لوگوں کی باتیں سنی تو جا سکتی ہیں لیکن ان کی سچائی پر عمل نہیں کیا جا سکتا۔
ذی شان کے لیے زندگی ایک دوڑ کی شکل اختیار کر گئی۔ ایسی دوڑ جو سبد۔

نہیں تھی۔ کئی راستوں، کئی پگڈنڈیوں، کئی سڑکوں میں سے ہو کر نکلتی تھی۔ اپنی دستاربندی میں وہ اتنا مشغول تھا کہ اسے علم نہ ہو سکا کہ کب اس نے ایم۔اے کا ایم۔اے کر لیا۔ کسی وقت وہ اعلیٰ قسم کا ڈی بیٹر بھی ہو گیا۔ اسے ڈراموں میں بھی ٹرافیاں مل گئیں۔ فوٹوگرافی کے مقابلوں میں بھی اس کی تصویروں کو انعام ملنے لگا۔ کھیلوں میں بھی اس کا نام بولنے لگا۔ مختلف رسالوں میں اس کی غزلیں بھی چپ چپا کر قابلِ ذکر کہلانے لگیں۔ دو ایک اخباروں میں خصوصی نمایندہ بنے رہنے کی وجہ سے اس کی جنرل نالج شہری واقعات کے متعلق بہت بھرپور ہو گئی۔

اس کے ساتھ ساتھ ان چار سالوں میں اس نے تین چار دوسرے پورے عشق بھی کیے۔ ان محبتوں کا اس کی ذات پر گہرا اثر نہ ہو سکا کیونکہ جن لڑکیوں سے اس نے محبت کی تھی اُن کے بھی عشق کے علاوہ کئی مشاغل تھے۔ وہ بھی کثیر المقاصد قسم کی درپڑھے زمانے کی مجبور بازداں کی طرح نہ تو ہار سنگار ہی کو اپنا شعار سمجھتی تھیں نہ ہی اُڑانتی گھٹا انٹی لے کر پڑی رہتی تھیں۔ ---- انہیں بھی کالج جانا ہوتا۔ شاپنگ کے لیے وقت نکالنا پڑتا۔ بیوٹی پارلروں سے فیشن کرانے ہوتے۔ سیلیوں مرجانیوں کا دل رکھنے کو لمبے لمبے فون کرنے ہوتے۔ پھر سوشل لائف تھی۔ کچھ ان کے والدین کی کچھ ان کی اپنی ۔۔۔۔ کچھ خواب تھے شادی کے کچھ خواب نئے CAREER کے ۔۔۔۔ ان لڑکیوں کے ساتھ جو معاشقے ہوئے ان میں زیادہ وقت فون پر گزرا یا پھر اچھے ہوٹلوں میں جہاں جہاں زبان کے لطف کے ساتھ ساتھ اچھی خوشبوؤں، خوبصورت لباسوں کی چمک کے ارد گرد دلنشین میں ایک دوسرے کے ٹیسٹ پر اعتراضات کے ساتھ ساتھ لڑائیاں بھی ہوئیں ۔۔۔۔۔ اچھی پیاری پیاری باتیں بھی کی گئیں ۔۔۔۔ اور آخر میں دوستوں کی طرح ایک دوسرے کو الوداع بھی کہا گیا۔

یہ تمکنم سر قسم کے عشق نہیں تھے جو دکھ یا سکھ کی آخری منزل دل کو چھوڑ کرتے

ہیں ۔ یہ ٹوٹا کشتی سے مشابہ تھے کہ خوب دھپ دھیاکے بعد اکھاڑے سے برف میں پسینے میں تڑ اور نئی زخموں سے چُور نکلے اور اپنے راستے پر یوں چل دیے جیسے کچھ ہوا ہی نہ ہو۔

ان ہی دنوں جب اس کی شادی کی باتیں کامن ٹاپک تھیں ۔ منگنے بھی آ رہے تھے اور آفیرز بھی چل رہے تھے ، اس کی پھوپی زاد بہن کا رشتہ بھی آیا پھوپی عرصہ سے غیر تھیں۔ وہ اپنے سسرال میں رچ بس گئی تھیں لیکن ذی شان کی یاقوتوں کے شہرے سن کر وہ بھی امید وار تھیں کہ ان کی آما کا کچھ جوڑ توڑ ذی شان سے ہو جائے ۔ نام تو پھوپی زاد کا پتہ نہیں نسرین آرا ء یا شمیم آرا ء یا جہاں آرا ء تھا لیکن بلاتے سبھی اُسے آرا ء تھے ۔ ذی شان کو یہ دھان پان سی اسٹکل مٹرد غع سے ہی لکڑی چیرنے والا آرا ہی لگی۔

آرا ء بالکل ماڈرن تھی ۔ منظمی طور پر دلچسپ اور اندر سے شمس سی لڑکی ۔ وہ میک اپ کپڑے ۔ بی اے کی ڈگری ، بیوٹی پارلر ، ودی سی آر پر دیکھی ہوئی فلموں کا ملغوبہ تھی ۔ دو چار ملاقاتوں کے بعد کھلتا کہ اس کی پسند نا پسند کچھ ذاتی نہ تھی بلکہ فلم ایکٹرسوں اسنا عرڈ اڈیوں اور کرکٹروں کے انٹرویو پڑھ پڑھ کر مرتب کی گئی تھی ۔ ایسے ہی اس کے کچھ نظریات تھے جو ہر گز کسی ذاتی کاوش یا تدبّر کا نتیجہ نہ تھے بلکہ بڑوں کی محفلوں میں بیٹھ بیٹھ کر اخذ کیے گئے تھے ۔۔۔۔۔۔۔ وہ دیکھنے ، سننے اور چاہنے میں بڑی جاذب تھی لیکن کچھ ملاقاتوں کے بعد اس روغنی ہانڈی کا اصلی پن ظاہر ہونے لگتا اور لوگ اسے پریشر ککر کے زمانے میں بالکل ویسے ہی بھولتے جیسے وہ روغنی ہانڈی کو بھولتے ہیں۔

ذی شان کو آراء میں واقعی کوئی دلچسپی نہ تھی کچھ ملاقاتیں دلچسپ رہیں اور پھر بخار ٹوٹ گیا ۔ ان ہی دنوں وہ دو چار نوکریوں کے لیے بھی کوشش کر رہا تھا ۔ اباجی کی دو زمین جو دانگے کے قریب تھی اس کی دیکھ بھال بھی اس کی ذمہ داری تھی ۔ پھر دو لڑکیاں اور بھی تھیں جن کو کبھی کبھی ڈرائیو پر لے جانا ، ہوٹل میں ٹریٹ دینا اس کا

مرد درد تھا۔

ان مشاغل کے علاوہ اس کی امی کی صحت بھی گر رہی تھی اور انہیں جملہ ڈاکٹروں کو دکھانا، دوائیاں لانا، ٹسٹ ایکسرے کرانا، امی کی دلجوئی اور رشتہ دار خواتین کو بیماری کی تفصیلات مہیا کرنا اس کے مشاغل تھے۔ ان مشاغل کے علاوہ اسے ڈی سی آر پر فلمیں دیکھنے کا بھی بہت شوق تھا کرکٹ میچ اور ڈیو فلموں کو دیکھنے کے لیے جب اسے وقت نکالنا پڑتا تو کبھی کبھی بڑی الجھن کا سامنا ہوتا۔

ایسے ہی وقت میں جب وہ ڈی سی آر پر ایک دھماکے دار مار دھاڑ کی فلم دیکھ رہا تھا اور اس کی امی نے فون پر اپنی نند کو جواب دے دیا تھا تو آراداں کے گھر آئی۔ ذی شان کی تمام تر توجہ اس وقت فلم میں تھی لیکن آرادہ روٹھی ہوئی لگتی تھی۔ وہ اس کے پاس آکر صوفے پر بیٹھ گئی اور چپ چاپ مار دھاڑ کی فلم دیکھنے لگی۔

ذی شان کو معلوم نہیں تھا کہ اس کی امی اس رشتے کے لیے انکار کر چکی ہیں۔ اگر اسے معلوم بھی ہوتا تو بھی کچھ اتنی زیادہ حسرت اس کے دل میں جگہ نہ پاتی۔ وہ کبھی کبھی تکلف کے ساتھ آرادہ کو مسکرا کر دیکھ لیتا اور پھر فلم دیکھنے میں مشغول ہو جاتا۔ آرادہ کی حالت اس سے مختلف تھی۔ وہ اندر ہی اندر کچھ کھلے بنا سنوار رہی تھی۔ کچھ پوچھنا چاہ رہی تھی۔ کچھ تانے پر آمادہ تھی۔

جب فلم میں دفعے کے بعد چند اشتہارات آنے شروع ہو گئے تو ذی شان نے فراخدلی سے پوچھا:

"کیا حال ہیں؟"

"آپ کو معلوم ہوگا کیا حال ہو سکتے ہیں۔"

"کیوں خیر تو ہے بڑی مایوس سی لگتی ہو۔"

آرادہ کی جانب سے بڑا لمبا خاموشی کا وقفہ آگیا جب دفعے میں ذی شان نے اپنے

اندر ہی اندر آنے والے چار گھنٹوں کا پروگرام مرتب کیا اور وہ رُوٹ بنایا جس پر کار لے جانے سے اسے دوہرے تہرے پھیرے پڑنے کا احتمال نہ تھا۔
مامی جی نے تو انکار کر دیا ہے آج صبح :
وہ چند لمحے سمجھ نہ سکا کہ کس لیے کس کو اور کس بات اور کس بات سے مامی جی نے انکار کر دیا ہے۔

"آپ کو تو شاید کچھ فرق نہ پڑے"۔
اب بات کچھ کچھ اس کی سمجھ میں آنے لگی:
"آما ـــ دیکھو میں تم سے جھوٹ نہیں بولوں گا ـــ یہ بہتر ہے کہ اب میں تمہیں چھوٹا سا زخم دوں بہ نسبت یہ کہ بعد میں تمہیں ـــ ساری عمر تکلیف دیتا رہوں ـــ ابھی میں SETTLED ہونا نہیں چاہتا۔ میں ابھی طے نہیں کر سکا کہ میں کیا کرنا چاہتا ہوں۔ کدھر اور کس کے ساتھ جانا چاہتا ہوں"۔
آرا یقیناً ایک ماڈرن لڑکی تھی لیکن ماڈرن لڑکیوں کے بھی کئی گریڈ ہوتے ہیں اور اس کا گریڈ چپڑاسیوں کا ساتھا جو انکار سُن کر زیادہ اصرار نہیں کر سکتے۔ وہ اُٹھی ـــ اور دروازے کی طرف بڑھنے لگی۔ پھر اس نے دو قدم ذی شان کی جانب بڑھائے اور کہا:
"ذی شان ـــ تمہاری ACTIVITIES زیادہ ہیں۔ اتنے مشاغل ہوں تو آدمی بِھٹار ہتا ہے۔ کبھی کبھی خالی بیٹھ کر اپنے ساتھ بھی وقت گزارا کرو ـــ کافی دھند چھٹ جاتی ہے اور دُور تک نظر آنے لگتا ہے ـــ پھر فیصلے اپنے بھی ہوتے ہیں اور آسان بھی ـــ "

ذی شان نے آرا کی بات پر کوئی توجہ نہ دی کیونکہ اسے معلوم تھا کہ آرا دز یادہ تر باتیں نامور ادیبوں کے اقتباسات یاد کر کے کرتی ہے۔
آرا اس کی زندگی سے نکل گئی۔ غالباً وہ کبھی آئی ہی نہ تھی۔ اس کے بعد اس کی

شادی ہوگئی اور شادی کے بعد مشاغل میں اور اضافہ ہوگیا۔
اس کی بیوی ایک کھاتے پیتے گھرانے کی خود ساختہ لاڈلی تھی۔ وہ بھی ایک متمول خاندان کا پڑھا لکھا خوبصورت فرد تھا۔
کبھی سسر کی گاڑی، کبھی باپ کی کار، کبھی اپنی کبھی بیوی عاطمہ کی گاڑی میں کئی جگہوں پر جانا پڑتا۔ کہیں کام، کہیں تفریح ۔۔۔ لیکن ہر وقت آنا جانا مہینا مہینا اس قدر رہتا کہ فرصت کے لمحات سکڑتے گئے اور وہ اپنے آپ سے کبھی نہ مل سکا۔
ایک بات طے پاگئی کہ پاکستان میں رہ کر خاطر خواہ ترقی نہیں ہو سکتی۔ یہاں وسائل و مواقع کی بڑی کمی ہے۔ یہ نہیں کہ ذی شان کو مالی طور پر کسی ترقی کی ضرورت تھی لیکن زندگی جمود کا نام بھی تو نہیں ہو سکتا۔
پاکستان میں ذی شان اور عاطمہ کی زندگی ایک رودھن کا شکار ہو چکی تھی اور اتنے سارے مشاغل کی پیروی نے انہیں چڑ چڑی۔ بلی کی طرح ہر کسی کو نوچنا سکھا دیا تھا۔ جب بھی انہیں فرصت کا کچھ وقت ملتا وہ ایک دوسرے سے کسی نہ کسی طور کی شکایت بھی کرتے۔ کبھی تمام الجھنوں کی وجہ یہ تھی کہ پاکستان میں ٹریفک ٹھیک نہیں۔ یہاں کا تعلیمی نظام پسماندہ ہے۔ تمام سسٹم کام نہیں کرتے۔ وقت بہت ضائع ہوتا ہے۔ پھر خاندان والے بے جا مداخلت کرتے ہیں۔ شخصی آزادی کا نام و نشان کہیں نہیں۔ دولت ریا کار منافق ہیں ۔۔۔ اصلی رشتوں کی پہچان گم ہو گئی ہے۔ نقلی رشتے بہت زیادہ ہیں ۔۔۔ :
دفتروں میں گپ بازی فائل سسٹم بہت زیادہ ہے۔۔ بیورو کریٹ کی سرداری ہے ماں باپ مشفق کم ہیں، مطالباتی زیادہ ہیں۔ بہن بھائیوں کی اپنی اپنی دلچسپیاں ہیں۔ وہ اپنے اپنے مدار پر ہیں۔ غرضیکہ جب ذی شان اور عاطمہ کو پاکستان سے اور پاکستان میں بسنے والوں سے اتنی شکایات ہوگئیں کہ انہیں ان شکایات کا کوئی حل نہ مل سکا تو انہوں نے اپنی بیقراری

کا حل صرف بی بی سوچ چکا کہ وہ لندن پہلے جائیں اور وہاں قسمت آزمائیں۔
لندن جانے سے پہلے ایک روز وہ پھوپھی جان سے ملنے بھی گیا۔ آرا ایک کنڈ قیمتی سے گلاب کا پھول کاٹ کر اپنی ٹوکری میں ڈال رہی تھی۔ وہ ذی شان سے ایسے ملی جیسے ان دونوں کے درمیان کبھی کچھ تھا ہی نہیں لیکن جب ذی شان چلنے لگا تو آراء کچھ چپ سی ہو گئی۔
"واپس کب آؤ گے؟"
"بس آتا جاتا رہوں گا":
"اچھا؟" آراء نے سوالیہ نظروں کے ساتھ پوچھا۔
"بھئی آتا جاتا رہوں گا۔ یہ بھی کوئی پوچھنے والی بات ہے۔ امی ابو سے ملنے تو آؤں گا ہی"۔
"کبھی کبھی اپنے آپ سے بھی مل لینا ذی شان ۔۔۔ تنہائی میں ۔۔۔ جو شخص اپنے ساتھ نہیں رہ سکتا وہ کسی کے ساتھ بھی نہیں رہ سکتا":
ذی شان نے آراء کی طرف دیکھا۔ وہ جانتا تھا کہ آراء ایسی باتیں اقتباسات سے اخذ کر کے بولا کرتی تھی اس لیے اس نے جب آراء کو خدا حافظ کہا تو ساتھ ہی اس کی بات کو بھی بھلا دیا۔
اس کے بعد پورے بیس سال تک اس کی قات اپنے آپ سے نہ ہو سکی۔
لندن کی زندگی میں مشاغل اور بھی گوناگوں ہو گئے۔ پاکستان میں مال و دولت ، درہ و عربی، جمعداری ایسے بہت سے وافر لوگ موجود تھے جو اس کی گھریلو زندگی کو سہل بناتے تھے۔ لندن میں یہ گھریلو کام بھی ان دونوں پر آ پڑے۔ عائشہ لو در دہ دونوں کام کرتے۔ دونوں مل کر کھانا پکاتے تھے۔ دونوں مل کر صفائی کرتے تھے۔ دونوں مل کر بچے پالتے تھے۔ دونوں تمام چھٹیاں یورپ میں گزارتے تھے۔ چھٹیوں کا پروگرام بناتا ۔۔۔

سستے گھٹنوں کی تلاش ___ سستے ہوٹلوں کا سراغ ۔ ان گنت سعی و نیت نہیں۔
گھر سے کام ___ کام سے گھر ۔ پھر گھر پر گھر پلو کام!
اس کی زندگی مکمل طور پر اپنی ضروریات، اپنے پیشے کی ضروریات، اپنے خاندان کی کفالت کی نذر ہو گئی اور بیس سال بعد اسے پتہ چلا کہ وہ اندر سے بکھر چکا ہے ۔ تب اس نے فیصلہ کیا کہ وہ اپنے دونوں بیٹوں کو لے کر واپس پاکستان چلا جائے گا۔
عائشہ اس تبدیلی پر رضامند نہ تھی۔ وہ ایک کھاتے پیتے گھرانے کی لڑکی تھی۔ پاکستان میں اسے اپنے ہاتھ سے اپنے ذاتی کام کرنے کی بھی عادت نہ تھی۔ مغرب میں رہنا اس نے اس لیے پسند کیا تھا کہ یہاں ذی شان اس کا گھر پلو ملازم تھا۔ وہی GROCERIES لاتا ۔ کار چلاتا۔ تمام بل ادا کرتا، چونکہ ان کے فلیٹ میں لفٹ عموماً خراب رہتی تھی اس لیے تیسری منزل پر تمام بھاری سامان اٹھا کر لے جانا بھی ذی شان کی شاندار ڈیوٹی تھی۔ مغرب میں کھاتے پیتے گھرانوں کے ایسے لڑکوں کے لیے مشکل زندگی تھی جو عیاش نہ تھے۔ پاکستان میں کوٹھی، کار، ملازم تمام چیزیں مہیا تھیں اور ان کے لیے کوئی جد و جہد یا یگ دو دو کرنا نہ پڑتی تھی۔

ذی شان کے لیے مغرب کی زندگی ایک بڑی بیکار جد و جہد کا نام تھا۔ لمبی روٹین جس میں چھٹیاں بھی معمولات کے تحت آتیں لیکن عائشہ پاکستان واپس نہ جانا چاہتی تھی۔ وہ مغربی طرز معاشرت میں اپنے لیے ایک چھوٹی سی آزادی، ایک چھوٹا سا مقام حاصل کر چکی تھی۔ اس مقام اور آزادی کے لیے اسے بہت محنت کرنا پڑی تھی لیکن وہ واپس جانا نہیں چاہتی تھی۔

جب ذی شان نے فیصلہ کر لیا کہ وہ پاکستان واپس جا کر بزنس کے امکانات دیکھے گا تو عائشہ اور بچے پیچھے رہ گئے اور اس سفر کے دوران اسے دبئی ایئرپورٹ پر ارم ملی۔ وہ ان بیس سالوں میں بھاری ہو گئی تھی لیکن اس کے چہرے پر بڑی شگفتی تھی۔ اس کی

آنکھوں میں کسی قسم کے گہرے پاشکایتیں نہ تھیں۔ وہ دونوں ڈیوٹی فری شاپ پر سینٹ دیکھ رہے تھے جب اچانک ان کی نظریں ملیں۔

"ارے تم آراد!"

"ہائے ذی شان تم تو موٹے ہو رہے ہو اور بال بھی گرے کر لیے ہیں؟"

بڑی مدت کے بعد ملنے سے جو تپاک کی فضا پیدا ہوئی۔ اس کے تحت وہ دونوں لاؤنج میں ان ڈور پلانٹس میں گھری ایک بینچ پر بیٹھ گئے۔

"کہاں جا رہی ہو؟"

"امریکہ ۔۔۔ اور تم ذی شان؟"

"میں وطن ۔۔۔ پاکستان"

"امریکہ میں رہتی ہو؟" ۔۔۔ بڑی لمبی خاموشی کے بعد ذی شان نے سوال کیا۔ اسے کچھ دھندلا سا یاد تھا کہ آراء کا شوہر شکاگو میں کیش اینڈ کیری کا بزنس کرتا ہے۔

"ہاں"

"خوش ہو؟ امریکہ میں!"

"ہاں ۔۔۔ جس قدر خوشی ممکن ہے"۔ آراء نے آہستہ سے کہا اور پھر چند تانے رک کر بولی:

"اور تم ۔۔۔ تم خوش ہو لندن میں؟"

"پتہ نہیں۔۔۔۔ میں کچھ کہہ نہیں سکتا ۔۔۔ مجھے لگتا ہے جیسے میری زندگی روٹین کی نذر ہو گئی ہے۔ چھوٹی چھوٹی دھجیوں میں بکھر گئی ہے ۔۔۔ اچھا کھانا، صاف ستھرے گھر میں رہنا، اچھے بازاروں میں گھومنا ۔۔۔ ہر وقت صفائی کا خیال رکھنا ۔۔۔ زندگی کب یہی کچھ ہے؟ اس کے کیا یہی معنی ہیں؟"

آراء مسکراتی رہی۔

"عائشہ بھی کام ہی کرتی رہی ہے ۔ میں بھی الجھا بھی رہا ہوں کاموں میں۔ حالانکہ اپنے وطن میں ہمیں سب کچھ میسر تھا ۔۔۔۔ اور اس کے بدلے مجھے کیا ملا ہے ؟ ۔۔۔۔ اونچا معیارِ زندگی! ۔۔۔۔ لیکن معیارِ زندگی ہے کیا چیز؟ ۔۔۔۔ اور جو کچھ مجھے ملا ہے، اس کے عوض میں اندر سے اس قدر کیوں بکھر گیا ہوں آراء ۔۔۔۔ تم نے بھی تو ساری عمر امریکہ میں گزاری ہے۔ کیا تم بھی اپنی زندگی کو اتنابے معنی سمجھتی ہو ۔۔۔۔ کیا تم بھی بکھری ہو اندر سے؟"

"نہیں ۔"

"پر میں ۔۔۔۔ میں کیوں اتنا کھوکھلا ہو گیا ہوں؟"

"اس لیے کہ تم کثیر المقاصد تھے ذی شان ۔۔۔۔ ایک وقت میں کئی آرزوئیں پال کر جینے والا ٹوٹے گا نہیں تو اور کیا ہوگا؟"

"اور تم ۔۔۔۔ تم بھی تو اس بے ہُودہ دردکی پیداوار ہو، جب آرزوئیں ہر صبح گلمرنے کے کھیت کی طرح اُگتی ہیں۔ تم نے اپنے آپ کو کیسے بچایا؟"

"اندر والے کو تو اندر ہی سے بچایا جا سکتا ہے ذی شان!"

"پر کیسے؟ ۔۔۔۔ کیسے؟"

"میں نے ساری عمر ایک ارمان پالا ۔۔۔۔ اور اندر صرف اس کو سینچا۔ اس کی خاطر جیتی رہی ۔۔۔۔ باقی ساری ACTIVITY تو فروعی تھی ۔۔۔۔ جب خواہش ایک ہو اور اس کی سمت دیکھتے رہیں تو باقی بھاگ دوڑ اندر اثر نہیں کرتی:"

"وہ ارمان ۔۔۔۔ پورا ہو گیا تمہارا؟"

"نہیں ۔۔۔۔ لیکن خواہش پوری ہونا ہو۔ یہ ضروری نہیں ہے۔ خواہش ایک ہی رہے ۔۔۔۔ ایک وقت میں تو انتشار پیدا نہیں ہوتا ۔۔۔۔ ٹوٹ پھوٹ نہیں ہوتی:"

ذی شان نے تعجب سے آراء کو دیکھا اور پھر ڈرتے ڈرتے سوال کیا :

"اور وہ خواہش ۔۔۔ وہ ارمان کیا تھا؟ ۔۔۔ کیا میں پوچھ سکتا ہوں:
آرار نے چند ثانیے ذی شان کو دیکھا جیسے بیس سال نیچے لوٹ گئی ہو۔ ہلکا سا مسکرائی اور ڈیوٹی فری شاپ کی طرف بڑھتے ہوئے بولی:
ذی شان! اگر تمہیں بھی معلوم نہیں تو بتانے سے فائدہ ۔۔۔ اور پھر میں سوچتی ہوں، ارمان تو سینٹ کی بند شیشی کی طرح ہوتا ہے۔ اظہار ہو جائے تو خوشبو اڑ جاتی ہے۔ خواہش باقی نہیں رہتی"۔
آرا ڈیوٹی فری خانہ میں اس طرح داخل ہو گئی جیسے جھرمٹی جھامتی ہستنی سندر بن میں غائب ہو جائے۔
ذی شان سوچتا ہی رہ گیا اس آخری عمر میں ۔۔۔ اتنے انتشار کے باوجود وہ کس اکلوتی خواہش کے دھاگے میں اپنی تسبیح کے دانے پرو سکتا ہے؟

___

خوردسال

گرم کپڑوں کا ٹرنک بند کرنے کے بعد اس کا جی سردیوں کی آمد سے دوسا سا گیا۔ ابھی پچھلے سال بچوں کے کپڑوں پر پوری تنخواہ قضا کر گئی تھی۔ اب کے جو دھرتے گھوانے کو سویٹریں کوٹ نکالے تو بڑے سے بڑا کپڑا اچھوٹے سے چھوٹے بچے پر اس طرح کس کر چڑھا کہ بے چارہ انگریزی کا 'ٹی' بن کر کھڑا کا کھڑا رہ گیا۔
سردی تھی کہ نزر پال اور ڈرمے برآمدے میں کھڑی مسلسل گھنٹی بجلائے جاری تھی ادھر دل میں جو نائیلون زری کی قمیض بنانے کی حسرت تھی اسے ایک بار پھر صوفی زنبیل میں رکھ کر عابدہ نے اپنا بلا شسٹک کا فیتلا اٹھایا۔ پرانے سیاہ برقعے کواوڑھا اور پرس میں دس روپے ڈال کر سپر میرڈ کرتی چلی۔
لوگوں کے پاس تو جانے کس زمانے کے دینارہ سرخ پڑے تھے کہ سردی کے باوجود بازاروں میں ناچتے پھر رہے تھے ۔۔۔۔۔ بوائی پھٹے پیروں کو پاپنچوں میں چھپا کر چلتی دہ سنگھار ڈے والے کے پاس جا کر رک گئی۔ سیاہ جلد چھپر کر بادام کی سی رنگت والی گربیاں اُسے بڑی بدعت پر اُکسار ہی تھیں۔
بالکل ایسی ہی رُت تھی۔ اسی طرح کے دن تھے۔ عین میں اسی طرح کا سنگھار ڈا سے والا

اُن دنوں گھر کی طرف آیا کرتا تھا لیکن وہ تو بہت دنوں کی بات تھی۔ وہ پرانے پرس کہ سینے سے لگا کر آگے گلی کی عارف مری تک گئی۔

نانک چندی اینٹوں کا راستہ گھس گھس کر کسی بڑے سے پرنس کی ہڈیوں جیسا پھیلا ہو رہا تھا۔ سامنے چھوٹی چھوٹی دکانوں کا سلسلہ شروع ہو گیا تھا۔ اِن دکانوں کے سامنے نائیلون کے رنگین دوپٹے دائیں بائیں، پشتوں پر سوتی و گرم شالیں اور سفید مارکین کے پھاؤ پر مختلف طولوں کی فلالین اور پرنٹوں کے ڈھیر پڑے تھے۔ دکاندار اور عورتیں اپنے اپنے داؤ پر ایک دوسرے سے بنٹ رہے تھے۔ جو عورتیں دکانوں سے بچ کہ نکل جاتیں انہیں دکاندار بہت تعدیریک باجی جی، آپا جی کی صدائیں دے دے کر بلاتے رہتے۔

ریشمی کپڑوں کے رنگ اور اُن کی چمک مدار کی بڑھیا بن کہ بار بار عابدہ کی آنکھوں میں پڑ رہی تھی، رند جانے اُن ریشمی کپڑوں کو خرید نے والیاں کیسے مواخذہ بری خاندانوں سے تعلق رکھتی نہیں کہ دکاندار بے دریغ تختوں کے تختان گزدوں میں بلنٹے جا رہے تھے ـــــ اور پھر اچھی بھلی تنخواہ کے باوجود ہر مہینے نائیلون زری کی قمیض خوابوں کی الگنی پر ننگی رہ جاتی۔

سینے کے پاجاموں کے لیے فلالین بہت ضروری تھی لیکن دکانداروں کی شہ زوری سے کہیں بھی بھاؤ نہ بنا۔

فلالین کا ارادہ چھوڑ کر وہ جمیلہ کا سر مڑنے کی نیت سے جنرل مرچینٹوں کی دکانوں پر رُکنے لگی۔

بچوں کی بلیٹیں، لمبے لمبے پاؤڈر کے ڈبے، رو ئنی کاغذوں میں پسٹے ہوئے صابن، چابی سے چلنے والے کھلونے، بیٹری میں ڈالنے والے پیں، کوئی ایک ضرورت تو تھی نہیں۔ رو پے رو پے کی دو دو بنیانیں بیچنے والا بغیر لاؤڈ ہیپکر کے سارے

بازار کو اپنے مال کی طرف یوں بلا رہا تھا گویا روزِ آغز سے ڈرا رہا ہو۔
کچھ دکانوں پر تو اُس نے اُدھن اس لیے نہ خریدا کہ وہاں کچھ اتنے زیادہ رنگ نہیں تھے۔ کچھ دکانیں اس لیے نہ پسند آئیں کہ دکاندار کا لہجہ تیز ابی تھا۔ کچھ جگہ پھر خلافِ بین کی طرح بھا دُنہ بنا۔ ایک دو دکاندار اُس سے دیر تک آپا جی آپا جی کہہ کر بلاتے رہے لیکن اُن کی دکان پر وہ اس لیے نہ تھری کہ جو خود بلا رہے ہیں ان کا سودا ضرور ناقص ہوگا۔

ایک جگہ اُدھن بھی سستا تھا۔ رنگ بھی اتفاقاً ہم کا مہندی سا بڑا ہی پیارا مل گیا دکاندار بھی خویش برادری کا لگتا تھا۔ پر اُسی وقت عابدہ کو خیال آیا کہ جمیلہ کی تو اگلے مہینے سالگرہ ہے۔ اس کے جو تحفے اکٹھے ہوں گے ان میں شاید کچھ سویٹر بھی ہوں منے کے پاؤں میں جوتی نہیں۔ اوپر سے ساس صاحبہ صبح صبح سارے کمروں میں ٹاٹ پھیر وا دیتی ہیں۔ فرش باسی ٹکڑیالک کی طرح ٹھنڈے ہو جاتے ہیں۔ منے کا جوتا پہلے اور باقی چیزیں بہت بعد میں۔ دلہ نہ ہو کہ خسر میاں اَٹھیں اور ادھوڑی کی گھسیٹی جوتی بچے کے پاؤں میں لا ڈالیں۔ پھر ساری سردیاں مروت میں وہ جوتیاں چٹخانا پھرے اور پاؤں میں گٹھے پر اُٹھائیں۔

پلاسٹک کے نیم شفاف تبیلوں میں رنگ برنگی چپلیاں کئی گھٹیل دکاندار نٹ ماؤ پر سجائے بیٹھے تھے۔ خالہ سکینہ بہیں سے کاسنی رنگ کی چپلی لے کر گئی ہو گی۔۔۔ قیمت تو سوا تین روپے نکلی لیکن خالہ اُس روز ویلے کم دالے ٹھیے پر کس پُشتے کے ساتھ چپلیوں سمیت بیٹھ گئی تھیں جیسے بجرالینے آئی ہوں، کچھ بھی نا خرید لیں۔ فوراً دُمکی چال عابدہ کے ہاں پہنچتی تھیں۔ پھر ساس سسر لے کر چھوٹی نندا اور حمیدہ تک کہ بار بار اپنی خرید دکھاتیں۔ ادھر عابدہ کے منہ پر چپکا پڑا جلتا۔ بیچاری مسکرائی حالت میں ٹک ٹک دیکھے جاتی۔

منے کی کالی اور سفید ٹمی سی پومپی ڈھائی روپے میں آئی تھی لیکن پھر عابدہ نے سوچا کہ ایک بار دس روپے کا نوٹ بھنوالیا تو بچوں کے کپنے بن کر اسی بازار کی نایلون میں کھو جائے گا۔ اسی خیال سے نہ تو پھر اس نے گنڈیریاں خریدیں نہ مونگ پھلی نہ جلغوز سے والوں کی طرف دیکھا اور نہ ہی بچوں کے لیے چپس کے پیکٹ لیے۔

جب بی بی پچھلے دنوں ساس صاحبہ کیمبی پکاتیں، اس ماند ھی سی خوشبو سے عابدہ کو اکائی آنے لگتی۔ کتنے دنوں سے خیال تھا کہ اس بار قصوری میتھی کے دو چار پیکٹ ضرور لے آئے گی۔ شوربے کے لیے پیالے درکار تھے لیکن دو چار دکانوں پر گجراتی مٹی کے کٹورے اور رکابیاں ٹنکار کر دیکھ لینے کے بعد اس نے فیصلہ کیا کہ یہ دس روپے بچوں کی امانت ہیں۔ ان میں سے نہ تو قصوری میتھی آئے گی نہ پیالے رکابیاں اور پھر دس روپے تڑوا لیے تو بس گئے۔

گھر پہنچی تو سارے بچے ململ کے کرتے پہنے آنگن میں کرکٹ کھیل رہے تھے۔ ساس صاحبہ ساگ کی ہنڈیا چڑھائے پیڑھی میں سمائی پرانی سویٹر ادھیڑ رہی تھیں اس نے پٹے کے ہاتھ چلا کر سارے بچوں کو کرتے بدلنے کا آرڈر دیا۔

منا بیچارہ ننگے پیروں دھاگے میں ایک تن تنہا بٹن پر وئے سیڑھیوں پر بغیر پاجامے کے بیٹھا تھا۔ اسے دیکھ کر " اماں ۔۔۔ اماں ۔۔۔ " کہہ کر بلکا اور پلاسٹک کے لفافے سے لپٹ گیا۔

ساس نے غصیلی آواز میں پوچھا:

"بڑی دیر لگا دی بازار میں ۔۔۔ فلالین لے آئیں؟"

"دام ٹھیک نہیں تھے اماں ۔۔۔ اے ہے برقعہ تو اتار لینے دو۔۔۔" اس نے منے سے منے کا سر ٹھوک بک کر کہا۔

"پھر کیا لالی مہ خرید کر ۔۔۔؟ انہوں نے خالی پلاسٹک کے تھیلے کی طرف

دیکھ کر پوچھا۔
"کچھ بھی نہیں ۔۔۔ قیمتیں بہت چڑھ گئی ہیں چیزیں دل کی"۔
جمیلہ نے پاس آ کر آہستہ سے کہا۔ "اماں! ۔۔ چار آنے دو۔ لہسن اور مرچیں لانی ہیں ۔ "

"میرے پاس کھلا نہیں۔ دس کا ایک نوٹ ہے"۔
"اچھا۔ دس ہی دے دو ۔۔۔ " ساس نے کہا: "میں خود ہی جاتی ہوں۔ لہسن اور مرچیں بھی لے آؤں گی اور اپنے برقعے کی سلائی بھی دے آؤں گی۔ مہینے بھر سے درزی کے پاس پڑا ہے ۔"
عابدہ نے پرس کھول کر اندر دیکھا۔
دس روپے کا شستہ ہوا نوٹ با ہیں اور ٹانگیں سمیٹے پلاسٹک کے ٹھنڈے پرس میں لیٹا تھا ۔۔۔۔ اپنے اسی خورد سال بچے کو کہ جس طرح وہ بازار کی ساری آفتوں سے بچا کر گھر لائی تھی ، اب اس کی آنکھوں کے سامنے اس سے ہمیشہ کے لیے جدا ہو رہا تھا۔
عابدہ کو اس طرح ایک دم پریشان ہوتے دیکھ کر ساس نے پوچھا:
"کیا ہوا بہو ؟ ۔۔۔ "
عابدہ نے مسکرا کر کہا ۔۔۔ "سارا دن پھرنے کی وجہ سے چکر سا آ گیا ہے خالہ!"
اور پھر ۔۔۔
اس نے دہ خورد سال لاشہ خاموشی سے خالہ کے حوالے کر دیا۔

―――

ہزار سایہ

گاڑی دھچکا کھا کر رکی لیکن اگر گاڑی یوں بھی رکتی تو بھی میں جاگ پڑتی کیونکہ بڑی دیر سے مجھے لگ رہا تھا کوئی کنکجورا میری لگ دن پر ہولے ہولے رینگ رہا ہے۔ ابھی دو ٹیر منہ پر آ جائے گا اور اپنے سوئیوں ایسے پاؤں میری آنکھوں میں گاڑ دے گا۔

باہر پھیکی چاندنی میں ایک کالا بد ہیئت اَجن سیاہ چکدار ناگوں ایسی لائنوں پر شنٹ کر رہا ہے۔ اندر ہمارے ڈبے میں ایک سیٹ پر اماّں، ایک پر بڑی آپا اور ایک پر زینب آپا ایرانی بلیوں کی طرح سو رہی ہیں۔ غسل خانے کی بتی امی کے بڑے ٹرنک پر روشنی کا گول سفید دھبہ ڈال رہی ہے۔ اوپر تلے بدلتے پنکھے چھت سے چھپے گھوم گھوم کرتے ادھر اُدھر چہرے پر گارہے ہیں۔ سارے ڈبے میں باسی پانی اور تازہ سانسوں کی خوشبو پھیلی ہوئی ہے۔ دو ہمالے بھی سیٹ سے کھسک کر فرش پر پھیل گئے ہیں جن کے سہارے یہ سفر کٹ جانے کی امید تھی۔۔۔۔۔ اگر مجھے باجی سے آنکھیں ملانے کا اندیشہ نہ ہوتا تو میں بھی زینب آپا، بڑی آپا اور امی کی طرح روتی روتی ہی سو جاتی۔ لیکن آج مجھے باجی ڈرا رہی ہیں۔ عرصہ دراز میں پہلے ایک دن انہوں نے کچھ کہے بغیر مجھے ڈرا دیا تھا۔ امی نے نعمت خانے میں ان کے لیے مٹھائی رکھ کر تالا لگا یا تھا۔ پھر وہ

چابیاں تخت پر رکھ کر نماز پڑھنے لگی تو میں نے چابیوں کا گچھا اٹھایا اور دبے پاؤں نعمت خانے تک جا پہنچی۔ گرمیوں کی خاموش دوپہر تھی۔ میرے اور امی کے سوا سارے سب سو رہے تھے لیکن اس کے باوجود میں ڈرتے ڈرتے نعمت خانے کے تالے کو چپکے سے کھول رہی تھی۔ جب بڑی ہمت کے بعد میں نے پلیٹ نعمت خانے سے نکالی تو باجی آ گئیں۔ میں نے پلیٹ میں سے کچھ بھی نہ اٹھایا تھا لیکن باجی نے نگاہوں ہی نگاہوں میں مجھے ہمیشہ ہمیشہ کے لیے چور بنا دیا۔

یہ باجی کا معتقد رہے کہ انہیں ہمیشہ سے اچھی چیزیں ملتی ہیں۔ امی مٹھائی کا حصہ رکھیں گی تو باجی کے لیے زیادہ رکھیں گی۔ گھر پر کپڑا آئے گا تو باجی اپنی پسند کا اٹھا لیں گی۔ پکچر جانا ہو گا تو جس فلم کا نام باجی لیں گی سب وہی دیکھیں گے۔ اور تو اور دولھا ملنے میں بھی باجی کا معتّد۔ اپنی بڑی دو بہنوں پر سبقت لے گئیں۔ بڑی آپا اور زینب آپا کے دولھے تو ایسے تھے ــــــ خیر جیسے آدمی ہوتے ہیں لیکن باجی کا دولھا ـــــ

اس دن میں نے آنگن دھویا تھا۔ پانچے بجے گئے تھے اور ہاتھوں میں خالی بالٹی تھی۔ سر اٹھا کر میں نے دیکھا، ائیرفورس کی وردی پہنے سنہری مونچھوں والا با وا سامنے کھڑا تھا ـــــ لمحے بھر کے لیے میرا دل دھڑک دھڑک کر تا دھرک تا ٹرک گیا۔ جیسے خواب میں سا اٹھا کر کسی نے تھپڑ مارا ہو۔ پھر سنہری مونچھوں دلھے باوا سے میں نے کہہ کر مجھ سے بالٹی لے لی ـــــ

اور پوچھا :

"کہاں رکھنا ہے اسے؟"

زینب آپا اور بڑی آپا کے شوہروں سے کتنی مختلف بات تھی۔ ان کے سامنے سارے گھر کی چارپائیاں اندر باہر کرتے سانس پھول جاتی لیکن دو ٹانگ پر ٹانگ دھرے سگرٹیں پیتے رہتے ۔

جب دلہائیق باوا ٹانگے سے اپنا سامان اتر وار رہا تھا تو اندر باہر ایک طوفان سا آ گیا۔

سوائے باجی کے سبھی کچھ نہ کچھ کر رہے تھے اور جس لاتعلقی سے وہ بیٹی کشیدہ کاڑھ رہی تھیں اس سے صاف ظاہر تھا کہ دراصل بادے کاسب سے زیادہ تعلق انہیں سے ہے پتہ نہیں کیوں، اسی روز مجھے باجی سے سخت چڑ پیدا ہو گئی۔
باجی کی ہمیشہ سے عادت ہے کہ خواہ مخواہ چڑا نا شروع کر دیتی ہیں۔ لب چھوٹی سی بات میں ایسا الجھاؤ پیدا کر دیتی ہیں کہ رونے کو جی چاہتا ہے۔
ہم چاروں بہنیں بیٹھی بادے کے متعلق باتیں کر رہی تھیں۔ زینب آپا بولیں: ' سب کچھ اچھا ہے، ویسے تو یوسف کا سب کچھ اچھا ہے اک ذرا مجھے آنکھیں ناپسند ہیں'۔
مجھے پتہ نہیں ان کی بات سن کر کیوں غصہ آ گیا، جھٹ بولی:
' کیوں۔ ان کی آنکھوں کا رنگ تو اس قدر خوبصورت ہے جیسے نیلے نیلے کنپے' ۔
باجی نے ہنس کر پوچھا۔ ' اور تمہیں نیلے کنپے پسند ہیں کیا'؟
میری ناک پر پسینہ آ گیا ---- میں جھلا کر بولی: ' ہاں۔ کیوں نہیں'؟
اب باجی کو چڑانے کی سوجھی۔ میرے کندھے کو پکڑ کر جھلا نے لگیں پھر اپنے مخصوص انداز میں اب اٹھا کر بار بار دہرانے لگیں:
' کیوں تمہارا کر دائیں بیاہ یوسف سے؟ ---- بولو جی تہینہ ---- بولو جی!'
اس سے پہلے کئی بار باجی نے مجھے چڑایا تھا لیکن میں روئی نہ تھی۔ اس دن میں نے کندھے جھٹک دئیے اور رونے لگی۔ آنسو تھے کہ آپ آپ آنکھوں میں آ رہے تھے اور گرتے جا رہے تھے۔ بڑی آپا نے گلے سے لگا کر کہا:
' ارے رونے لگیں ---- یہ باجی تو پگلی ہے تہینہ ---- اس کے کہنے سے کوئی تیری شادی تھوڑی ہو چلی ہے یوسف سے'؟
پھر وہ باجی کو ڈانٹنے ہوئے بولیں۔ خوشی سے لڈو اپنے دل میں پھوٹ رہے ہیں

لڑکا اس بے چاری کو رہی ہے۔ اس عمر میں ایسے مذاق نہیں کیا کرتے":
پھر سب معاملہ رفع دفع ہو گیا لیکن رات جب میں سونے لگی تو ایک بار پھر
آنسو میری آنکھوں میں تیرنے لگے اور میں ہاتھ مروڑتی ہوئی کہنے لگی :
"اللہ میاں کرے ۔۔۔ باجی تو مر ہی جائے ۔۔۔ مر ہی جائے بالکل ساری کی ساری!"
باجی میری بد دعا سے مر تو نہ سکی۔ ہاں ہمارا گھر چھوڑ کر ضرور چلی گئی۔ انہیں یوسف بھائی
کے ساتھ کار میں بٹھا کر ہم سب واپس لوٹے تو آتے ہی میں نے دن رات بجنے والا ڈھولک
کو پیر مار کر پھاڑ دیا اور بستر پر اوندھی لیٹ کر رونے لگی۔
سارے گھر میں باسی پھولوں اور پلاؤ فرنی کی خوشبو بھری ہوئی تھی۔ ہر ایک کسی نہ کسی
کونے میں بیٹھا باجی کی کمی محسوس کرتا تھا۔ افسردہ بوجھل تھا لیکن مجھے باجی کی عدم موجودگی کے
ساتھ ساتھ ایک عجیب طرح کا غنڈہ پن بھی آ رہا تھا۔ ساری شام انہوں نے مجھے بھگا بھگا کر پیر
چھلنی کر دئیے تھے، پھر بھی جو کوئی تھا ان ہی کی تعریف کر رہا تھا انہیں ہی گھور رہا تھا خالہ
نے شام کے دوران میں بس ایک مرتبہ مجبور پر عنایت کی جو پوچھا تھا:
"اب کس جماعت میں ہو تھمینہ ۔۔۔؟"
"جی دسویں میں ۔۔۔"
اس پر وہ ہنس کر بولی تھیں ۔۔۔ "چلو اب تمہاری باری آئے گی ۔۔۔"
پھر جب باجی اپنے چھوٹے سے بچے کو لے کر ہمارے ہاں آئیں تو ان کا بچہ دیکھ کر
سب کے منہ کھلے کے کھلے رہ گئے۔ سنہری بال، سفید رنگت اور کنجوں ایسی نیلی نیلی آنکھیں
۔۔۔ لیکن میں نے دیکھا کہ یوسف بھائی میں پہلے سے بہت فرق آ چکا تھا۔ ناک کے دونوں
طرف گہری لکیریں پڑ چکی تھیں اور وہ بوڑھے نظر آتے تھے۔ باجی سارا دن اپنے بچے
کو گود میں لیے کھیلتی رہتی اور میں کنکریوں سے دیکھتی 'یوسف بھائی' بے چینی سے منتظر رہتے
کہ کب باجی کو فرصت ہو اور وہ ان سے بھی بات کرے۔ ایسے میں میں یوسف بھائی کے

پاس جا بیٹھتی اور ان سے باتیں کرنے لگتی۔ وہ ہوائی جہازوں کی اونچی اڑانوں پر مجھے ساتھ لے جاتے۔ ایسے ناگہانی حادثات بیان کرتے کہ دل ہوائی جہاز کے پنکھے کی طرح چلنے لگتا ۔۔۔۔۔ پھر ان کی نیلی آنکھوں میں موت سے کھیلنے والے پائلٹ کا ساحوف آجاتا اور وہ اپنے بچے سے بھی کم عمر نظر آتے۔ میرا جی چاہتا کہ ان کے سنہری بالوں میں انگلیوں کو ڈبو کر کہوں :
'موت سے کیوں ڈرتے ہو۔ وہ تو اپنے پلنگ پر بھی آجاتی ہے'۔

اگر یوسف بھائی کے کچھ اپنے فکر کے توان میں باجی شامل نہ تھیں وہ توان چھوٹی موٹی جھلاہٹوں میں بھی یوسف بھائی کے ساتھ شامل نہ ہوتیں جو عموماً میاں بیوی میں خواہ مخواہ اڑائی کی شکل اختیار کر لیا کرتی ہیں۔

یوں تو روز کچھ نہ کچھ ہوتا ہی رہتا تھا لیکن اس دن یوسف بھائی غسلخانے میں گھسے ہی تھے کہ مجھے احساس ہوا کہ اندر کوئی تولیہ نہیں ہے اور ابھی وہ ننگا تو لیے کے لیے پکاریں گے۔ تھوڑی دیر کے بعد انہوں نے باجی کو پکارنا شروع کر دیا۔ باجی اندر پلنگ پر بیٹھی ننھے کو پاؤڈر لگا رہی تھیں۔ انہوں نے سُنی اَن سُنی کر دی تو میں غسل خانے کے کواڑ کے پاس جا کر بولی :

'کہیے بھائی جان ۔۔۔۔'

'بھئی ذرا تولیہ پکڑا نا تہمینہ ۔۔۔۔'

میں تولیہ لے کر گئی تو دو کھڑکی کا آدھا ہاتھ کھولے سر نکالے کھڑے تھے۔ دُھلے دُھلائے چہرے پر شبنم کی بُوندوں کی طرح پانی کے قطرے اٹھک رہے تھے اور نیلی کنپوں بھی سی آنکھیں بالکل زمردیں لگ رہی تھیں۔ گیلے بازو پر تولیہ رکھتے ہوئے انہوں نے پوچھا :

'اور ملکہ صاحبہ کیا کر رہی ہیں ؟'

گو میں جانتی تھی کہ باجی کو کوئی ایسا کام نہ تھا لیکن میں بولی ۔۔۔۔ 'جی وہ ننھے کو دودھ پلا رہی ہیں'۔

وہ کواڑ بند کرتے ہوئے بولے!
"اگر انہیں فرصت بھی ہوتی تو بھی وہ کب آتی تھیں؟"
پھر وہ اپنے آپ سے کہنے لگے۔ "تمینہ! شادی کے بعد اپنے شوہر کا خیال ضرور رکھنا اچھا ۔۔۔!"

ایسی کئی ننھی ننھی باتیں ان بڑے بڑے ناگوں کی طرح میرے ذہن میں ابھر رہی تھیں جن پر ایک کالا بد ہیئت انجن شنٹ کر رہا ہے اور جسے دیکھ کر یوں لگتا ہے جیسے ہماری گاڑی چل رہی ہو۔ اس بد ہیئت انجن کی طرح ایک خیال میرے دل میں آگے پیچھے چکر لگا رہا ہے ۔۔ اگر یہ خیال چند لمحے کے لیے مجھے چھوڑ دیتا تو میں بھی بڑی آپا، آپا زینب اور امی کی طرح تھوڑی دیر کے لیے سو جاتی۔

اور سونا تو اس رات بھی ممکن نہ تھا جب یوسف بھائی کے سر میں بلا کا درد اٹھا تھا ۔۔۔ پہلے تو با جی کچھ دیر مٹھی دباتی رہی۔ پھر جب نخار دینے لگا تو نہ اسے چپ کرانے کیلئے اٹھیں اور اسے ٹکٹے ٹکڑے خود بھی سو گئیں۔ یوسف بھائی کر دٹپں بدلتے ہوئے کراہ رہے تھے بڑی آپا نے اسپرو کھلانا چاہا گر افاقہ نہ ہوا۔ امی نے پانی دم کر کے پلایا۔ درد ویسے ہی رہا ۔۔ پھر میں خود بخود اٹھ کر ان کے سر ہلانے جا بیٹھی اور ان کا سر دبانے لگی۔ سنہری بالوں پر بندھا ہوا سرخ ریشمی رومال میں نے کھول دیا۔ یوسف بھائی نے میری طرف دیکھا اور تکیے پر ڈلا ہوا سر میری جانب اور کھسکا دیا۔

آہستہ آہستہ یوسف بھائی سو گئے۔ ان کا سانس میرے زانو کو چھونے لگا۔ اس رات میں نے کتنی ہی انجانی راہوں پر ڈرتے ڈرتے قدم دھرنے کے خواب دیکھے اور یہ شاید انہی خوابوں کا نتیجہ تھا کہ میں سر د بلاتے دباتے اونگھ گئی۔

جب با جی نے مجھے جگایا تو میرے بازو یوسف بھائی کے بالوں میں تھے اور درد پٹھ ان کے چہرے پر پڑا تھا ۔۔۔ پتہ نہیں کیوں اس وقت بھی مجھے وہ دن یاد آگیا جب میں

نے تخت سے چابیاں اٹھا کر نعمت خانے سے مٹھائی نکالی تھی ۔۔۔۔!

اگر صبح ہی باجی اپنے گھر جانے کا پروگرام نہ بناتیں تو شاید اتنی شدید نفرت میرے دل میں کبھی پیدا نہ ہوتی ۔۔۔۔۔ لیکن ادھر باجی اور یوسف بھائی اپنے گھر روانہ ہوئے اور ادھر میں غم و غصہ سے رونے لگی۔ بار بار مجھے یوں لگتا جیسے باجی جی جی میل مجبر پر الزام دھرتی گئی ہیں ۔ جتنا میں باجی کے الزام کے متعلق سوچتی اتنا ہی مجھے اپنے بے قصور ہونے کا خیال آتا۔ اور جب میرا بس نہ چلتا تو میں بکھے میں منہ دے کر کہتی :

"اللہ میاں جی! باجی تو میری جانتے ہیں بالکل ساری کی ساری ۔۔۔۔۔"

لیکن اب یہی خیال بد ہیئت انجن کی طرح میرے ذہن کو کوٹ رہا تھا ۔ مجھے پورا یقین ہے کہ میری بد دعا نے باجی کی جان لی ۔۔۔ وہ انظو شہزادے نہیں اپنی بہن کی بد دعا سے مر گئی ہے ۔۔۔۔۔ اور اب جب وہ مر گئی ہے تو میں اُسے کیسے یقین دلاؤں کہ یہ بد دعا میں نے جی سے نہ دی تھی ۔۔۔۔۔ سٹیشن کی بے رونق بتیوں کی طرح باجی کے گلے میں با کسی مرجھائے پھول ہوں گے اور وہ ڈرائنے دھماکے کے بغیر مجھ سے مل کر پوچھے گی: 'بولو اب تو خوش ہو؟ ۔۔۔ اب تو خوش ہو؟ ۔۔۔"

گاڑی دھچکا کھا کر چلنے لگی ہے ۔ بد ہیئت کالا انجن ہم سے دور ناگوں ایسی لائنوں پر شنٹ کرتا پیچھے رہ گیا ہے ۔ ای، بڑی آپا اور آپا بنیب ایرانی بلیوں کی طرح سیٹوں پر پڑی سو رہی ہیں ۔۔۔۔۔ لیکن احساسِ گناہ کا ہزار پایا بہت ہولے ہولے میری گردن پر رینگ رہا ہے ابھی وہ میرے منہ پر آ جائے گا اور میری آنکھوں میں سوئیوں ایسے پاؤں گاڑ دے گا!

اقبالِ جُرم

مجھے اب بھی یقین ہے کہ جس مصلحت کے پیشِ نظر اُس نے اقبالِ جرم کیا تھا وہ اس کے اعتراف سے بہت مختلف تھی۔

جس وقت نذیر کو سزا کا حکم ہوا میں کورٹ میں موجود نہ تھا۔ اس کی وجہ یہ نہیں کہ مجھے اس میں دلچسپی نہ تھی۔ بلکہ اس کی وجہ ہی یہ تھی کہ مجھے میری دلچسپی کورٹ سے باہر لے گئی۔ میں نے اپنی سائیکل کو وہیں باہر سائیکل سٹینڈ پر چھوڑا اور قریبی ریستوران میں جا کر چائے پینے لگا۔

اس سہ پہر کو مجھے ساری دنیا اداس اور بھیانک نظر آئی۔ باوجود یکہ ریستوران میں چاروں طرف رنگین کاغذ کی کترنیں اور رنگ برنگے بلب روشن تھے لیکن آنے والی ۵ ۲۔ دسمبر کی خوشی میں چھت سے لٹکتی ہوئی رنگین لالٹینیں اور غبارے مجھے بید بےہودہ نظر آ رہے تھے اور لٹکتی ہوئی کترنوں پر مجھے صلیب کا دھوکا ہوتا تھا۔ ہر ایک صلیب پر نذیر آویزاں تھا ۔۔۔۔ اس کی ہتھیلیوں سے لہو بہہ رہا تھا۔ پاؤں زخمی تھے اکڑی ہوئی گردن کی نسیں پھولی ہوئی متین لیکن اس کا چہرہ عجب سکون سے لبریز، نہایت مطمئن تھا۔

میں نے آدھی پیالی پی کر چہرہ پرے کر لیا۔

کوئی طاقت بار بار مجھے کورٹ روم کی طرف بلا رہی تھی لیکن میں سلیبی کرنز سے منہ پھیر کر پیالی پر نظریں جمائے سوچنے لگا اگر نذیر کی جگہ میں ہوتا ؟ اگر نذیر کی جگہ رفیق ہوتا ؟ — اگر — !

جس روز عذرا کا قتل ہوا اس روز میں صبح صبح میں اور نذیر موٹر سائیکل پر چڑھ کر اس کی گلی میں سے نکلے تھے۔ میری نئی موٹر سائیکل کے ہینڈل کو مضبوطی سے پکڑ کر نذیر نے کہا تھا:

'یار! ذرا محبوب کی گلی میں سے گزرتے ہیں۔ ایسی باتوں کا ان لڑکیوں پر بڑا رعب پڑ جاتا ہے'۔

جس وقت ہم موٹر سائیکل پر دندناتے اس کی کوٹھی کے سامنے سے گزر رہے وہ لمبے کسلامی خولدوالے چھاتک کے پاس کھڑی سویٹر بننے میں مشغول تھی۔ در چمٹے چمٹے نیچے لمبے کے چھاتک پر پیر جمائے جنگلے کی سلاخوں کو پکڑے جھول رہے تھے اور ان تینوں سے کچھ فاصلے پر مالی فوارے کے ساتھ پھولوں کو پانی دے رہا تھا۔

ان کی کوٹھی سے تھوڑی دیر پہلے نذیر نے موٹر سائیکل کی رفتار ہلکی کر دی تھی۔ اس کا سرخ مفلر ہوا میں پھر پھرانے لگا تھا اور اس کی گردن بالشت بھر لمبی ہو کر پیلی کوٹھی کی طرف مڑ گئی تھی۔ ان کی کوٹھی سے دس قدم آگے مین بس اسٹاپ کے پاس نذیر نے موٹر سائیکل روک کر میرے پرد کی تھی اور پھر بغیر کچھ کہے سنے پیلی کوٹھی کی طرف چل دیا تھا۔

جب نذیر واپس آیا تو اس کا چہرہ نمتایا ہوا تھا اور آنکھوں میں موٹے موٹے آنسو تھے۔

موٹر سائیکل کو سٹارٹ کرنے سے پہلے اس نے مجھے کہا تھا:

"خدا۔۔۔! میں اس کو مزہ چکھا دوں گا۔ یونہی کسی کے دل سے کھیلنا آسان نہیں ہوتا۔ تم دیکھ لینا اس نے مجبور پر رفیق کو ترجیح دی ہے لیکن اسے رفیق تک پہنچنا نصیب نہ ہوگا"۔

جب کورٹ نے میری گواہی طلب کرتے ہوئے ان الفاظ کی تصدیق چاہی تھی تو اثبات میں سر ہلانے کے باوجود مجھے پورا یقین تھا کہ ان الفاظ کا نذیر کے عزم سے کوئی تعلق نہ تھا۔ ۔۔۔۔۔ وہ الفاظ نذیر نے جوش اور غصے میں کہے تھے۔ ان کی صداقت کی تصدیق چاہنا ہی فضول تھا۔

مجھے تو وہ رات بھی خوب یاد ہے جب میں اور نذیر رات گئے تک سڑکوں پر ٹہلتے رہے تھے۔ میری ٹانگیں شل ہو گئی تھیں لیکن نذیر کا قصہ ختم نہ ہوتا۔ میں اس کے اور عذرا کے تمام حالات سے بخوبی واقف تھا۔ اس نے مجھے ایک ایک دن، ایک ایک ملاقات کی روداد یوں سنائی تھی جیسے کوئی فلمی کہانی سنار ہا ہو ۔۔۔۔۔ ہر ایک سو واقعے کو بیان کرنے کے بعد وہ مجھ سے پوچھتا:

"اور اب تم ہی انصاف کرو کہ اسے مجھے چھننا چاہیے تھا کہ رفیق کو؟"

اور جب میں اس کے حق میں ووٹ دے کر خاموش ہو جاتا تو پردہ نئے سرے سے اپنی داستانِ خونچکاں سنانے بیٹھ جاتا۔

مجھے اچھی طرح سے یاد ہے کہ لارنس باغ کے وسط میں پہنچ کر اس نے مجھ سے کہا تھا:

"آخری بار مجھے عذرا کو دیکھنا ہے۔ آخری بار"

اور یہ کہہ کر وہ مجھے دہلی پھر ڈراپ کر دیا تھا۔

یوں گھنٹے ڈیڑھ کے بعد جب ہم سڑکوں پر گھومتے گھامتے گھر پہنچے تو باہر کی بتی کے نیچے

گھر کے تمام افراد جمع تھے۔ امی کے سر پر دوپٹہ نہ تھا۔ بہنوں کے پیروں میں سلیپر تک نہ تھے۔ نذیر کو دیکھتے ہی سب یکبارگی خاموش ہو گئے اور پھر صغریٰ یاسمین نے امی اور خالدہ کے درمیان میں سے سر نکال کر کہا:

"نجو بھائی! ۔۔۔ آپا عذرا کو کسی نے قتل کر دیا ہے۔"

نذیر کے قدم دو قدم پیچھے ہٹ گیا۔
میرے مارے جسم کے رونگٹے کھڑے ہو گئے۔
نذیر نے بیسے آسان سے پوچھا : "کب؟ کب؟ ۔۔۔"
میں آپ سے بھی کہتا ہوں اور کورٹ میں بھی میں نے فاضل جج سے یہی کہا تھا کہ نذیر نے عذرا کا قتل کیا ہوتا تو وہ اس کرب سے گھر والوں سے نہ پوچھتا کہ عذرا کو کب کسی نے قتل کر دیا؟

میں جانتا ہوں وہ مجھ سے آدھ گھنٹہ پہلے ہو کر عذرا کے گھر گیا تھا۔ کورٹ میں وہ بی بی کہتا رہا کہ اسی آدھ گھنٹے میں اس نے عذرا کے سینے میں چھری گھونپ دی۔ عذرا کے ڈریسنگ ٹیبل پر پڑی ہوئی خوبصورت جرمن چھری سے اس کا سینہ چاک کیا تھا لیکن مجھے کبھی یقین نہیں آئے گا کہ عذرا کا قاتل نذیر ہے!

ہوٹل میں لٹکی ہوئی رنگین صلیبی کرنوں پر نذیر آدینواں تھا۔ اس کی ہتھیلیوں سے لہو رواں تھا۔ پاؤں زخمی تھے لیکن چہرے پر نجات اور سکون کا غازہ لگا ہوا تھا۔

میں چائے پیے بغیر عدالت میں واپس چلا گیا۔
لیکن تب تک نذیر جا چکا تھا۔ امی اور ابا بھی رخصت ہو چکے تھے اور کورٹ روم کے باہر بیٹھا ہوا چپراسی یہی کہہ رہا تھا:

"بابو جی! مجھے یقین نہیں آتا کہ نذیر میاں نے قتل کیا ہے۔ قاتلوں کے چہرے ایسے نہیں ہوتے ۔۔۔ کہیں جو یہ اپنے منہ سے سزا مانتے تو کب کے کو سزا ہوتی!"

میں نے سائیکل سٹینڈ پر کھڑی ہوئی موٹر سائیکل نکالی اور جیسے اپنے آپ سے کہا:
"مجھے تو اب بھی یقین نہیں آتا کہ نذیر نے عذرا کا قتل کیا تھا۔ ہاں جس مصلحت کے پیشِ نظر اس نے اقبال جرم کیا تھا وہ کچھ اور تھی!"

بھلا عذرا کے بغیر زندہ رہ کر نذیر کرتا بھی کیا! شاید وہ خود کشی کر لیتا!!

شاید کسی روز جھلی رات کا سرد چاند اس کی چارپائی پر جھانکتا اور اسے نیند پا کر بادلوں میں چھپ جاتا!

پھر آپ ہی بتائیے اگر نذیر نے اپنے ہاتھوں ایسی موت چن لی تو آپ اور میں اس پر کیونکر الزام دھر سکتے ہیں!!!

―――

الزام سے الزام تک

عجیب سی بات ہے کہ ہر سال سردیاں آتی ہیں اور ہر سال سردیوں کے کپڑوں کا انتظام نہیں ہو پاتا۔ میں اور میری بیوی کپڑوں کے متعلق آپس میں صلاح مشورے کرتے ہیں غلاظمین کی صدریاں، اونی ٹوپیاں، گرم سوٹ، سمر کی قمیصیں، ڈبل نٹ جوسیاں، پشم دار دستانے اور گرم جوابوں کا ذکر ہماری گفتگو میں عام رہتا ہے لیکن جب وقت نیفا کی سفید سفید گولیاں جو ساری گرمیاں پڑے رہنے گرم کپڑوں میں رہنے کے باعث گھس کر چھوٹی چھوٹی گولیوں کی شکل اختیار کرتی ہیں اور ان گولیوں کا جھڑا اور پچھلے سال کے کپڑوں سے ہوتا ہے تو میری بیوی سہمی ہوئی میری طرف دیکھتی ہے۔ وہ بھی جانتی ہے اور میں بھی جانتا ہوں کہ اس سال بھکہ آنے والے کئی اور سال سردیاں آتی رہیں گی اور گرم کپڑوں کا خاطر خواہ انتظام نہ ہو سکے گا۔

خدا جانے کیا وجہ ہے آگے سے دس سال اُدھر ایک سویٹر میں گزارہ ہو جاتا تھا۔ اب بنیان کے اوپر سویٹر قمیض کے اوپر سویٹر اور سویٹر کے اوپر کوٹ کے باوجود ہاتھ شل ہو جاتے ہیں اور موٹر سائیکل کی ہتھی اکڑے ہوئے ہاتھوں سے پکڑی نہیں جاتی۔

کبھی کبھی سوچتا ہوں کہ اگر دنیا کے تمام لوگوں میں دنیا بھر کی دولت برابر بانٹ

دی جانے تو پھر غالباً گرم کپڑوں کی کمی کا احساس اس قدر نہ ہوا اور کبھی ایک ایک سویٹر میں نالیاں بجاتے، منہ سے بھاپ اڑاتے اور مونگ پھلیاں چباتے نظر آئیں لیکن میری بیوی کا خیال ہے کہ سردی کا احساس ہی ایسا ہے جس میں گرم کپڑوں کا خیال خواہ مخواہ آتا ہے جیسے جوانی میں عشق و محبت کے خواب۔ دولت کی صحیح یا غلط بانٹ سے اس کا کوئی تعلق نہیں۔

کبھی کبھی اخبار میں اناٹامک ریسرچ والوں کے نجومیوں کے متعلق تجربوں پڑھ لینے کے بعد میں اپنی بیوی سے کہتا ہوں ـــ بھلی لوگ! کچھ ہم تم بوڑھے نہیں ہو رہے ہیں۔ یہ ان تجربوں کی وجہ سے جغرافیائی تہذیبیں بدل رہی ہیں۔ جو پہلے سمندر تھے اب بحیرے بن رہے ہیں۔ بحروں نے تنگ ماڈوں کی تشکیل اختیار کر لی ہے۔ سطح مرتفع میدانوں میں بدل رہے ہیں اور میدانوں میں گنگنانوں کی خاصیتیں پیدا ہو رہی ہیں۔ موسموں کا اعتبار کیا؟ دیکھ لو دسمبر کی پچیس تاریخ جا رہی ہے اور ابھی تک خشک سردی پڑ رہی ہے۔ کبھی یہ بھی سنا تھا کہ کرسمس کی چھٹیاں ہوں اور آسمان ابرآلود نہ ہو ـــ!

میری بیوی کو مردی لگتی ہے لیکن وہ میری طرح یا جولا ہے کے داماد کی طرح مردی میں شمٹر نہیں جاتی۔ اس کی وجہ غالباً یہ ہے کہ اس کے جسم کو جوانی میں معلوم تھا کہ ابھی آنے والے کئی سالوں تک گرم کپڑوں کا صحیح انتظام نہ ہو سکے گا اور درختوں کی طرح، جو مردیوں کی ساری خوراک اپنے پتوں میں جمع کر لیتے ہیں۔ اس کے پٹھوں کے ارد گرد اس کے ہوش مند اور دور اندیش جسم نے چربی کی فوم ربڑ چڑھا رکھی ہے۔ بدقسمتی سے میرا جسم کبھی میرا دوست نہ تھا۔ ساری جوانی اس نے جو کھایا خدا جانے کہاں گنوا دیا؟ اب عالم یہ ہے کہ لوگ کپڑے کھولتے ہیں اور میں پچھلے کپڑوں کو تنگ کر کے پہنتا ہوں۔

میری بیوی کو ایک اور فائدہ بھی ہے۔ گھر میں نفاسا پوتا ہے جو سارا دن دادی کی بغل میں بیٹھا رہتا ہے۔ ایک تو جی لینے کا سینک۔ دوسرے بچے کی گرم بوتل اسے گراتے رہتی

اسی لیے جب میں دو سروں کے گرم کپڑوں کا ذکر کرتے کرتے ناشکرا ہو جاتا ہوں تو میری بیوی میرا انتقذ نظر سمجھ نہیں پاتی اور مجھ سے متفق ہونے کے بجائے مجھ سے الٹ لڑنے لگتی ہے کیونکہ لڑنے جھگڑنے کی اسے کافی پریکٹس ہو چکی ہے اور نان اسٹاپ کئی کئی پیراگراف اسے ازبر ہیں اس لیے اس طرح لڑنے جھگڑنے میں بھی اسی کا فائدہ ہے کیونکہ تنفس تیز ہو جلنے سے لہو کی گردش میں سستی نہیں رہتی اور وہ کئی گھنٹوں کے لیے گرم ہو جاتی ہے۔

کئی سال سے میں اپنی بیوی کو باتوں باتوں میں اس بات پر رام کر رہا ہوں کہ ہم گھر کی یہ تکلیف آسانی انڈے بازار سے مل کر سکتے ہیں لیکن میری بیوی ان لوگوں میں سے ہے جو گٹھے بنا سپتی گھی کو دیسی گھی کے دام پر بلکو ا کر خوش ہوتے ہیں اور محلے بھر میں اس کے متعلق مشہور ہے کہ اس نے کبھی بنا سپتی گھی اور انڈے سے کا کپڑا استعمال نہیں کیا ا ور اکثی کبھی کسی سے ادھار نہیں لی۔ ایسی عورت جو اصولوں میں ذرا سا الا ٹمک بھی استعمال نہ کرتی ہر ایسی عورت کو اپنی ضرورت جتائی تو جا سکتی ہے لیکن منوائی نہیں جا سکتی

میرا بوس تین ہزار ماہوار تنخواہ پاتا ہے۔ اس کی انسٹورنس پالیسیاں دو لاکھ کے لگ بھگ ہیں۔ آٹھ نہری مربعے جھنگ میں اور دو کوٹھیاں گلبرگ میں۔ دو کاریں دردی پوش ڈرائیوروں سمیت بکثرت آمد ورفت رکھتا ہے —— میرے بوس نے اسی سال جب تین سوٹ میرے ساتھ انڈے سے میں جا کر خریدے اور بار بار دکاندار سے کہہ کہ یہ سوٹ اس کے پا ا ے کے لیے ہیں تو میں نے بھی ایو جو ساتھ ہی تھا ڈرتے ڈرتے ایک بڑا کوٹ اپنے لیے خرید لیا۔ میرا خیال تھا کہ صاحب میری خدمات سے خوش ہو کر یہ تین سوٹ مجھے عنایت کر رہا ہے لیکن واپس دفتر جاتے کی بجائے ہم ایک ایسے ٹیلر کی دکان پر پہنچے جو آلٹریشن میں بے مثل ہے۔ اور جہب کے ہاں سے پرانا کپڑا بلکل ریڈی میڈ کپڑے کی شکل اختیار کر لیتا ہے۔ وہاں پہنچ کر میں نے چوکیل جانور کی طرح کان کھڑے کیے اور ابھی اپنا پرانا کوٹ اتارنے کے ارادہ سے ہی کر رہا تھا کہ میرے بوس نے ٹیلر کے سامنے اپنے آپ کو ناپ کے لیے پیش کر دیا۔

انچاس، باون اور چالیس کا بے مثال نباض دے کر اور ٹیلر ماسٹر کو اُن گنت ہدایات دینے کے بعد ہم لمبی سیاہ کار میں روانہ ہو گئے۔ مجھے سوٹ نہ ملنے کا اتنا رنج نہ تھا جس قدر ادر کوٹ کے پالینے کی خوشی تھی لیکن مشکل یہ تھی کہ میں اُنڈے سے کا کوٹ لے کر گھر نہیں جا سکتا تھا ۔۔۔۔۔ میری بیوی کی معتبر میں ساکھ تھی اور وہ اپنے آپ کو میرے بوس سے زیادہ خاندانی سمجھتی تھی۔ اس کے سامنے اس بات کا اعتراف کرنا ہی بہت مشکل تھا کہ یہ کوٹ پرانے کوٹوں کی نئی گانٹھ سے نکلا ہے۔ دفتر کے مُنشانے میں جب پہن کر میں نے اسے دیکھا تو ایک دم مجھے اپنی تنخواہ میں چار سو روپے کی ترقی نظر آنے لگی۔ اپنے کھجوری کپے بالوں پر پرسنلٹی کا شبہ ہونے لگا۔ جوں جوں میں اپنے آپ کو دیکھتا اپنے آپ سے اور کوٹ سے محبت بڑھتی جاتی۔

جس وقت میں گھر پہنچا تو کوٹ میرے بازو پر یوں تھا کہ جیسے بڑے صاحب کے منہ میں پائپ۔

"یہ کوٹ کہاں سے ملا ۔۔۔ ؟" میری بیوی نے اپنے ننھے پوتے کو گود سے اُتار کر پوچھا۔

"خفیق نے دیا ہے اس کے ماموں کویت سے لائے ہیں ۔۔۔"

دفتر میں میرا ایک ساتھی خفیق تھا۔ اپنے بچے ہوئے سگریٹ کا ٹوٹا بھی کسی کو پینے نہیں دیتا تھا۔ اس کے متعلق ایسی سخا شاہی فراخ دلی کو منسوب کر کے مجھے ہنسی سی آ گئی۔

"لیکن وہ تو بہت کنجوس ہے اس نے کوٹ کیسے دے دیا ۔۔۔ ؟"

"تمہارا اخیال ہے مفت دیا ہے؟ پورے تیس روپے دیے ہیں اُسے؟"

کوٹ کو دُور بین بیسی نظروں سے دیکھ کر میری بیوی بالی ۔۔۔۔۔ "تیس روپے کا؟ ایسا برھیا کوٹ؟ ۔۔۔۔ دیکھنا جی کہیں اُنڈے کا ہی نہ ہو ۔۔۔"

"اُنڈے کا؟ ۔۔۔۔ بتا تو رہا ہوں کہ خفیق کے ماموں لائے ہیں کویت سے ۔۔۔۔

مجھے سال سے تیس رد پلے ہیں۔ کیونکہ ایک طرح کے دعوت آگئے تھے حسنِ اتفاق سے"
کوٹ کی جیبوں میں ہاتھ نکال کر باہر نکالتے ہوئے میری بیوی آہستہ سے بولی۔
"کچھ دل مانتا نہیں ہے ـــــ"

میری بیوی ان بیویوں میں سے ہے جو ساری جوانی اعتبار کرتی ہیں بات مانتی ہیں مرد
کو مجازی خدا سمجھتی ہیں۔ ان کے منہ سے ایک لفظ بھی شکایتاً نہیں نکلتا ـــــ اور بڑھاپے
کی دہلیز پر پہنچتے ہی ان کی گاڑی پیچھے کی طرف شنٹ کرنے لگتی ہے۔ جس طرح پہاڑی
علاقوں میں لاکھ زد لگانے پر بھی انجن پیچھے کی طرف جاتا ہے۔ میری بیوی مرد نژل کی اس
جنس سے تعلق رکھتی تھی جس سے بردوٹس کی بیوی رکھا کرتی تھی۔ جو کچھ بھی ہو جائے دل میں
مشک تاڑنے کی طرح بند رکھنے والی ـــــ لیکن یہ بیس برس پہلے کی بات ہے۔

اس واقعے کا تعلق میری شادی سے ہے۔ میری اور میرے چچا زاد بھائی اعجاز کی شادی
ایک ہی دن ایک ہی گھر میں دو سگی بہنوں کے ساتھ ہو رہی تھی اور ہماری سعادت مندی یہ
تھی کہ ہم دونوں نے اپنی ہونے والی بیویوں سے بات کرنا تو در کنار اُن کی تصویر تک نہ
دیکھی تھی۔

شادی سے کوئی ہفتہ بھر پہلے کی بات ہے کہ اعجاز جو بڑا شائع مطبع تھا اور جسے صنفِ نازک
کے حقوق اور ان کے دل کا ہر لحظ خیال رہتا تھا میرے کمرے میں آیا۔ میں اس وقت ایک
ایسی کتاب پڑھ رہا تھا جس میں شادی کی ہائیجین پر بڑے بسیط مقالے لکھے ہوئے تھے۔
"ایک بات کرنا تھی تم سے ـــــ لیکن تم شاید پڑھ رہے ہو؟ ـــ"
میں نے شادی اور ہائیجین کے صفحہ ۲۱۲ پر انگوٹھا چسپاں کیا اور بولا ـــــ "نہیں نہیں
آؤ بیٹھو ـــــ"

اعجاز میں ایک فطری اضطراب ہے جیسے پارے میں ہوا کرتا ہے۔ وہ زیادہ دیر ایک
رخ پر نہیں بیٹھ سکتا۔ اگر بیٹھو بھی جائے تو پندرہ منٹ کی نشست میں چار منٹ ٹانگیں ہلاتا

رہے گا، چوہنٹ ناک، کان اور دانتوں تک اس کی انگلیاں آتی جاتی رہیں گی۔ دو ایک منٹ کا لڑکی درستی پر مصروف ہوں گے اور باقی ماندہ وقت وہ ٹھبی سی گردن میں زخ سے کہ یوں اوپر نیچے کرتا رہے گا جیسے فل باٹل انڈا اسکو میں پھنس گیا ہو ۔۔۔ کرسی کے کنارے پر بے تابی سے بیٹھ کر کرسی کا پینٹ ناخن سے کھرچتے ہوئے بولا :

"شادی اپنی پسند کی ہونی چاہیے جس میں عورت اور مرد اپنی پسند سے ایک دوسرے کے ساتھ رہنا چاہیں ۔"

"کیا فرق پڑتا ہے۔ ہر عورت بالآخر عورت ہے اور ہر مرد بالآخر مرد ہوتا ہے اور اسے عورت سے جنسی لگاؤ کے علاوہ اور کچھ درکار نہیں ہوتا ۔"

اسے میری بات سن کر کیا ٹھنڈا پسینہ آگیا :

"تم بالکل وحشی ہو ۔۔۔ وہی وحشی جس نے حضرت حمزہؓ کے پیٹ میں برچھا مار کر انہیں شہید کیا تھا ۔"

میں اچانک ان کی باتوں سے مرعوب ہو رہا ہوں۔ ایک توجس طرح سے جذبے اور نیکی کے ساتھ وہ عورتوں کے لیے محسوس کرتا ہے اور دوسرے جس طرح وہ قدم قدم پر مسلم ہسٹری سے حوالے دے کر دوسرے کو بے زبان کر دیتا ہے۔ مجھے کیا لگا میں ایک گوریلا ہوں جو ابھی ابھی غاروں سے نکل کر باہر آیا ہوں۔ بقول اعجاز ہی، ابوسفیان کی وہ سفاک بیوی ہندہ ہوں جو حضرت حمزہؓ کا کلیجہ چبا چاٹ گئی تھی۔

"عورت بہت مظلوم ہے ۔۔۔"

میں نے اثبات میں سر ہلا دیا۔

"مرد پہلے اس کے ساتھ من مانی کرتا ہے اور پھر اُسے بے رحم معاشرے کے سپرد کر دیتا ہے ۔"

"ہاں یار ۔۔۔" میں نے مجرموں کی طرح سر جھکایا۔

"اب اس سے بڑا اور کیا ظلم ہے کہ پہلی رات بغیر جانے بوجھے دلہا اپنی دلہن سے جسمانی بے تکلفی برتے ۔۔۔۔ خود بتاؤ عورت کے دل پر کیا گزرتی ہو گی ۔۔۔۔ میں عورت کے دل کی بات تو نہیں جانتا تھا لیکن چونکہ اعجاز کہہ رہا تھا کہ یہ ظلم ہے اس لیے میں نے جلدی سے کہا:

'واقعی یہ بہت بڑا ظلم ہے ۔۔۔۔'

'میں تمہارے پاس اس لیے حاضر ہوا تھا کہ تم میرا ساتھ دو ۔۔۔'

کانپتی آواز میں میں نے سوال کیا ۔۔۔۔ 'کیسا ساتھ ؟'

'ہم اپنی ہونے والی بیویوں کو نہیں جانتے ۔۔۔۔'

'نہیں جانتے ۔۔۔'

'اور ہمیں انہیں جانے بغیر ان سے کسی قسم کے وحشی فعل نہیں کرنے چاہییں۔'

'نہیں کرنے چاہییں۔۔۔'

'تو یوں طے پایا کہ جب تک ہم ان سے یعنی تم اپنی بیوی کے ساتھ اور میں اپنی بیوی کے ساتھ مکمل طور پر گھل مل نہ جائیں تب تک ہم ان سے جسمانی بے تکلفی نہ کریں گے۔'

میں تو سر سے پیر تک لرز گیا ۔۔۔۔ اب خدا جانے دلہن بیگم کیسے مزاج کی ہوں ۔ گشتیوں کی راہ بدل میں طے کرنے والی یا دنوں کے راستے پر برسوں پر پھیلانے والی کون جانے ان کی شخصیت پیاز جیسی ہو۔ پرت پر پرت کھولتا رہوں اور اندر سے کچھ بھی نہ نکلے۔

'خاموش کیوں ہو تم ۔۔۔۔ میرا خیال ہے مکمل واقفیت پیدا کرنے کے لیے زیادہ سے زیادہ چھ ماہ درکار ہوں گے:

'چھ ماہ ۔۔!'

میرا جی چاہا کہ کہوں ۔۔۔۔ تو جیسے میں چھ ماہ بعد شادی کر دا لوں گا لیکن جس طرح نکل کا مل انڈے اس کی گردن میں اور نیچے پھدک رہا تھا اسے دیکھ کر بات کرنے کا حوصلہ نہ ہوا۔

"لیکن کم از کم دو دہائی کا وعدہ تو تم مجھ سے کرو۔"
اس نے رومال والی جیب سے ایک ننھے سے حجم کا قرآن کریم نکالا اور ہیبتی لی پر رکھ کر میری طرف بڑھا دیا۔ میں پبلک سروس کمیشن کے انٹرویو سے اس قدر نہ بوکھلایا تھا جتنا اس مختصر سائز کے قرآن کریم کو دیکھ کر بکا۔

"دو مہینے میں وہ خود ایسی باتوں پر مائل ہو جائے گی اور جب تک عادت خود مائل نہ ہو اس سے کوئی تعلق رکھنا بیکار ہے ۔"
"بالکل بیکار ہے۔"

اعجاز میرے حلفیہ بیان کے بعد دروازے کی طرف چلتے ہوئے بولا ۔ "میں نے تمہارے متعلق سارے نظریے بدل لیے ہیں۔ خدا کی قسم! تم سرے پکّے مجتہدین ہو ۔ مجھے تو شبہ تھا کہ میں ڈر رہا تھا کہ اگر تم نہ ملے تو کیا بنے گا ۔"

خیر اس کے بعد جو کچھ بنا ۔ اس کی تفصیل ناگفتہ بہ ہے۔

اعجاز کی بیوی ہفتہ بھر کے بعد سسکے جا بیٹھی اور اعجاز مکمل طور پر نفسیاتی کیس بن گیا۔ جب بھی اس کے سسرال جاتا تھا ایک ہی بات لے کر واپس آتا تھا کہ اعجاز کے سسرال والی سمجھتی ہیں کہ اعجاز سرے سے مرد ہی نہیں ہے۔ عورت سے بدردی کرنے کا جو معاملہ اسے ٹل رہا تھا اس پر ہم دل ہی دل میں خوش تھے اور ہم نے چوں کہ اپنی بیوی کو اپنے حلفیہ وعدہ سے کی ساری کہانی من و عن سنا دی تھی اس لیے وہ منہ میں معری لیے بیٹھی تھیں اور روز کیلنڈر کا صفحہ الٹاتے ہوئے الحمد للہ پڑھا کرتی تھیں۔

کس طرح پور سے بیس دن بعد اعجاز صاحب کی بیوی کمال منت و سماجت کے بعد واپس آئی اور کس طرح اعجاز کو اس سے مجبوراً بے تکلف ہونا پڑا! یہ ایک دوسری داستان ہے۔ اس روز جب بحالی دوبارہ گھر آئی ہے نو اسی رات اعجاز مجھے ملنے آیا۔ بے چارہ باسی کیک کی طرح نہایت بے رونق ہو رہا تھا۔

'ایک بات ہے بھائی ___'

'فرمائیے ___'

'تم مجھے میرے وعدے سے رہا کر دو ___ جیسا میں نے نہیں معاف کیا'۔

'کیا مطلب ___ ؟'

'مطلب یہی کہ میں اپنا وعدہ نبھا نہیں سکتا ___ اگر تم مجھے رہا کر دو گے تو میرا ضمیر مجھے ملامت نہیں کرے گا ___'

'ضمیر کو گولی مارو یار ___'

'عجیب سی بات ہے ___ میں تو سمجھتا تھا کہ عورت فقط پاک محبت کی طالب ہوتی ہے مرد سے ___'

'اس کی بھی طالب ہوتی ہے ___ لیکن بعد میں ___'

'تم ___ تم مجھے رہا کر دو ___'

'بھائی رہا ہی رہا ہو ___'

اس داقعے کو بیان کرنے سے فقط ایک ہی بات مقصود تھی کہ ہماری بیوی نے شادی کے بعد پورے اکیس دن ہمارے نامرد ہونے کا اعلان کسی سے نہیں کیا۔ غالباً یہ عورت کی معراج ہے کہ وہ اتنی بڑی بات کا کسی سے ذکر نہ کرے۔ اگر وہ بھی اپنی بہن کی طرح ہوتی تو آج چار بچوں کی ماں ہونے کے باوجود اس کے شوہر کے متعلق بھی بہی مشہور ہوتا کہ برے کاموں کی وجہ سے یہ حضرت شادی کے وقت شادی کے قابل نہ تھے۔

لطف کی یہ بات ہے کہ وہ بی میری بیوی جو اتنے بڑے راز کو اکیس دن بیٹھی سیتی رہی اب اس کا یہ عالم ہے کہ ذرا سی بات کو بکھان بنا لیتی ہے۔ پھر اس کہتے ہے ہر آنے جانے والے کے لیے چھوٹرے سے امونگ بیلی کا ایک طشت سجایا جاتا ہے بطور نذر امنع ___

میں ایک روز سپر مارکیٹ گیا آیا ملکے کی عورتوں نے اسے چھڑا ادیکھا اور اس کی قیمت پوچھی۔ اسی

چھان پھٹک میں اس کی اندرونی جیب سے تین چابیاں برآمد ہو گئیں۔ لٹھے کے ایک پرانے کرتے میں سے تین چابیوں کا برآمد ہونا غیر معمولی سی بات ہے۔ ستھے خوش نصیبوں کو اس میں سے ڈال ملتے ہیں اور بد نصیبوں کو گیسو لٹن کی پرچھائیاں۔

چھوٹا امریکی خوبصورت چھلا لے کر میری بیوی میرے پاس آئی اور بولی :
" یہ کوٹ کہیں خلیق نے استعمال کے بعد تو تمہیں نہیں دیا ؟"
" کمال کرتی ہیں آپ ۔ بتا تو چکا ہوں کہ ان کے ماموں کوبت سے لاتے ہیں ۔ دو ہی مشکل کوٹ تھے اس لیے ایک میں نے لے لیا۔"
" تو پھر یہ چابیاں کیسی نہیں بچ میں؟"
چابیاں اتنی خوبصورت تھیں اور ان کا چھلا اس قدر نادر کہ میں نے ہاتھ بڑھا کر چابیاں اس سے لیتے ہوئے کہا:
" واہ ! یہ کہاں سے ملیں تمہیں ۔۔۔۔ یہ تو میری چابیاں ہیں دفتر کی ۔"
میری بیوی کے ماتھے پر گہری شکنیں پڑ گئیں:
" آپ کی چابیاں ؟ ۔۔۔۔ آپ نے تو کبھی ذکر نہیں کیا ان چابیوں کا۔"
" دفتر کی جو ہوتیں ۔۔۔۔ ایک تو بیورو کی ہے۔ ایک میرے ڈسک کی اور ایک صاحب کے سیف کی ۔۔ ۔"
" دکھائیے ۔۔۔۔ "
میں نے چابیاں اس کی تحویل میں دے دیں۔
" کیا رکھتے ہیں آپ کے صاحب اپنے سیف میں ؟"
شامتِ اعمال سے میں نے کہا : " کچھ تو کانفیڈنشل فائلز ہیں اور کچھ صاحب کے پرائیویٹ خطوط ہیں۔"
" پرائیویٹ خطوط ۔۔۔۔ ؟ گھر کیوں نہیں رکھتے ؟ ۔۔۔۔ "

"کمال ہے! ایسے خط گھر پر تھوڑی رکھے جاسکتے ہیں ۔۔۔۔"
"اچھا ۔۔۔ چچا!"
کوٹھے توراب ہماری زندگی کے درمیان سے کیسر نکل گیا اور یہ چابیاں درمیان میں غالب کے سرے کے بوجھ کی طرح آگریں۔

جب عورت نانی دادی ہوکر مرد پر شبہ کرتی ہے تو اس کے لچھن ہی بدل جاتے ہیں۔ اب اگر میں یہ چابیاں سنبھال کر رکھتا تو مجھے طعنے ملتے کہ ہاں ہاں جی! سنبھال کر رکھیے۔ کسی کے ہاتھ لگ گئیں تو کہیں اصل پول نہ کھل جائے۔ اگر میں اپنی لاتعلقی سے میز پر یا کسی اور جگہ چھوڑ جاتا تو بڑے اہتمام سے واپس لاکر مجھے دے جاتیں اور تاکید سے کہا جاتا ۔۔۔۔۔ "اب یہ چابیاں کوئی اِدھر اُدھر پھیکنے والی چیز ہیں۔ آپ بھی حد کرتے ہیں"۔

مجھے بیٹھے بٹھائے چابیوں کا آزار ہوگیا۔ رات کو سوتا تو انہیں تکیے کے اُدھر پاتا۔۔۔ صبح اُٹھاتا تو انہیں شیو کے گرم پانی کے ساتھ پڑا پاتا۔ دن میں کسی نہ کسی بار مجھے کپڑا اُٹھاتیں اور کہتی بار میں انہیں اتنا اپنی بیوی کے پاس دیکھتا۔ کوٹلا چھپاکی کے کوٹلے کی طرح ہر بار جب یہ چابیاں مجھے نظر آتیں تو مجھے لگتا کہ اب یہ کوٹلا میری کمر پر پڑا کہ پڑا۔۔۔۔ تین خوبصورت سٹین لیس سٹیل کی چمکتی ہوئی بے زبان چابیاں!۔۔۔

میں رات کو کبھی کبھی ان کا گول چٹلا ہاتھوں میں گھما کر دیکھتا۔ ایک چابی ذرا لمبی سی اور دروازے کے تالے کی نظر آتی تھی۔ میں اسے دیکھتا تو خواب کی آنکھ میں وہ ایک طاق کھل کر مجھے ایک ایسے کمرے میں راہ دیتیں جو شاید کوٹ والے کا اپارٹمنٹ تھا۔ دیواروں پر لگا ہوا گہرے رنگ کا دال پیپر۔ کوٹ اور ٹوپی لگانے والا ہینگر۔ خدا جانے اس چابی کا مالک نوجوان تھا کہ بوڑھا ۔۔۔۔۔ خدا جانے شادی شدہ تھا کہ مجرد ۔۔۔ کون جانے عیاش ہو اور یہ چابی دراصل کسی اور اپارٹمنٹ کی ہو جس میں وہ ہر ہفتے مصنف ویک اینڈ منانے جاتا ہو۔۔۔۔۔!

میں نے اس چابی سے ایک مکمل صورت تشکیل کر لی تھی۔ اس کا قد پانچ فٹ گیارہ اپنچ ہوگا۔ یقیناً نوجوان ہوگا۔ اس رنگ کے کوٹ وہاں نوجوان ہی پہنتے ہیں۔ بوڑھوں کا تو فیشن ہی نہیں ہے اور اس کے رنگ ہی سے لگتا تھا کہ نوجوان بھی تھا اور طرحدار بھی اور مجبوب الطبع بھی ۔۔۔ چلتا ہوگا تو دائیں پاؤں پر ذرا زیادہ وزن ڈالتا ہوگا۔ بچپن میں کہیں ہلکا سا پولیو کا اٹیک ہوا ہوگا۔ ذرا سا نقص ٹانگ میں رہ گیا ہوگا جو اس کے حسن میں بڑے کہیں جاذبیت پیدا کرتا ہے ۔۔۔ لڑکیوں سے بات کرتا ہے تو بھوری آنکھیں اور بھی شربتی ہو جاتی ہیں۔ سورج اس کی پشت پر چھپ کر سر ہوتا ہو تو کندھوں پر بھورے بالوں میں سے چھن چھن کر ایک سرخ سی روشنی پیدا کرتی ہیں۔

خدا جانے کیسے اور کیوں کراس چپٹے والے کے سامنے میں نے اپنی شخصیت کو مدغم کر لیا۔ اب سننے سے پہلے چھپنے والی لیفٹی میں خود اپنا اور کوٹ پہن کر نیو یارک کی ایک سات منزلہ عمارت پر تیسری منزل پر لفٹ میں پہنچتا۔ لمبی گیلری میں ہوتا ہوا کمرہ نمبر ۳۳۲ کے چپکتے تالے میں چابی پھنساتا۔ دروازہ کھلنے کی آواز ہرگز نہ آتی صرف ہاتھ کا دباؤ بتا دیتا کہ دروازہ کھل گیا ہے۔ اندر پہنچ کر کہ میں اپنی ٹوپی اور کوٹ ہینگر پر ٹانگتا۔ کھڑکی کے نیچے چیونٹیوں کی طرح چلنے والی ٹریفک کو دیکھتا اور پھر ایک لمبی الماری میں دوسری چابی فٹ کرکے کھولتا۔ اس چابی کے لگتے ہی دیوار کا تختہ، جو بظاہر دیوار کا حصہ نظر آتا تھا، دیوار میں اندر کی طرف خاموشی سے کھسک جاتا۔ الماری کے اندر ایک چھوٹے سے شیلف میں تیسری مونیاک کی سی چابی پھنسا کر میں ایک خفیہ دراز کھولتا اور ایک نہیں سی ایسی پستول نکالتا جسے چلاؤ تو رفی بھر پٹپٹے کی آواز نہیں آتی۔ اس پستول کو جو غیر قانونی طور پر میری ملکیت تھا اندرونی جیب میں رکھ کر میں شیلف اور الماری بند کرتا۔ اور کوٹ کے کالر اوپر اٹھاتا اور کمرے کو لاک کرکے باہر نکل جاتا۔

میں کبھی امریکہ نہیں گیا۔

لیکن وہ ساری امریکن فلمیں جو میں اپنی بیوی کے ساتھ اسے خوش کرنے کے لیے دیکھ چکا ہوں۔ اس وقت جب چاہوں کا چھلا میرے ہاتھ میں اور رستہ کیسے بہ ہوتا میرے کام آتیں۔ میں ننھی پستول کو جیب میں ڈال کر جیمز بانڈ سیریز کا ہیرو بن جاتا ہوں ۔۔۔ کبھی ہانگ کانگ میں سارنگ میں ملبوس لڑکیوں کے ساتھ ، کبھی قلعوں میں ، کاروں میں، پیچھز کرتا ہوا ۔۔۔ کبھی روس میں بھیس بدل کر اد رکبھی ٹوکیو میں جاپانیوں سے جوڈو کھیلتا ہوا ۔۔۔

یکدم زندگی پستول کی گولی کی طرح قابو سے نکل گئی۔ میں سارا دن رات کا انتظار کرتا رہتا جب چاہیوں کو چڑھتے ہی میرے تخیل کا تالا کھل جاتا۔ اب میں فلموں سے بہت آگے سوچنے لگا تھا۔ رفتہ رفتہ میری پریکٹس اس قدر بڑھ گئی کہ میں بیک وقت ولن اور ہیرو کا پارٹ ادا کرنے لگا۔

کچھ تو ان تصورات کا اثر میری عملی اور دن کی زندگی پر ہونا ہی تھا۔ اب فقر کی ناز عام طور پر قضا ہونے لگی۔ میں چوری کی جوری بر بل کریم خرید کر بالوں کی پٹیاں جمانے لگا ۔۔۔ اگر مجھے اپنی بیوی کا اس قدر دھڑ کا نہ ہوتا تو شاید میں بالوں کو پولی کلر سے رنگ بھی لیتا۔ بوٹ جو پہلے کئی کئی دن تک پالش نہیں ہوتے تھے اب باقاعدگی سے چمکنے لگے۔ میرا معمول تھا کہ ہر شام اپنے ننھے پوتے کے لیے تھوڑی سی میٹھی سونف خرید لایا کرتا تھا لیکن اب میں نے ذرا قیمتی قسم کے سگریٹ پینا شروع کر دیے تھے اس لیے باقی تمام اخراجات اسی کی نذر ہو جاتے تھے۔ مہینے بھر کا سودا سلف لانا میری ذمہ داری تھی اب میں نے شروع مہینے میں اپنی بیوی کے لیے چوہیں قسم کی رنگدار عینک لمبی نائیلون کی جرابیں اور خوبصورت رومال لایا تو وہ بلی لگ لگ خوش ہونے کے بجائے اتنا بھڑک اٹھی:

"آپ کیا مجھ کر لائے ہیں؟"

"مس مرد کو تحفہ دینا کبھی نہیں آتا۔ وہ جوان لڑکی کو کتابیں اور بوڑھی عورت کو

پ شکمہ پیش کرتا ہے۔
''یہ ۔۔۔ میرا خیال تھا کہ تم یہ سب کچھ پسند کرو گی۔''
''یہ ۔۔۔ میرے استعمال کی چیزیں ہیں؟ بتائیے!''
''عینک لگا کر تو دیکھو، تمہیں بجے گی۔''
''یہ ہیے دیکھیے ۔۔۔ مزید دیکھیے اور اڑائیے میرا مذاق:''
جس وقت میری بیوی نے چوپرس کریم والی عینک لگائی جس پر پلاسٹک کے رنگین ستارے سے بنے تھے تو پہلی بار میں بھونچکا رہ گیا۔اتنا پاس رہنے کے باوجود ایک بار بھی مجھے شبہ نہ ہوا تھا کہ وہ اس عمر میں نہیں ہے ، جب ایسی چیزیں سجاوٹ پیدا کرتی ہیں۔
''نہائیے۔ یہ سب کچھ لوٹا کر آئیے!''
چیزیں تو میں نے لوٹا دیں لیکن ان خیالات کو دکانداری کے کاؤنٹر پر نہ چھوڑ سکا جو چاہیوں نے عطا کیے تھے ۔ مردوں کی رات میں ویسے بھی گرم لحاف بہترین دوست ہوتا ہے۔ اب جو چاہیوں نے کھلی آنکھوں خواب دیکھنے کی عادت ڈال دی تو میں سرشام ہی چارپائی کا سہارا ڈھونڈنے لگا۔ خدا جانے یہ سلسلہ خیالات کیا گل کھلاتا اور اس کی نان کہاں جا کر ٹوٹتی لیکن ان ہی دنوں ایک عجیب واقعہ رونما ہوا۔
ہمارے دفتر میں ریسرچ آفیسر ایک تیس سالہ نوجوان عورت ہے ۔ بد قسمتی سے وہ دو عیبوں سے متصف ہے۔ ایک تو زیادہ پڑھی لکھی ہے دوسرے صورت شکل سے انڈے کا مال معلوم ہوتی ہے۔ یہ دو نوں خاصیتیں مردوں پر عموماً برا اثر ڈالتی ہیں ۔ وہ ریسرچ آفیسر کو یکسر عورت ہی نہیں سمجھتے تھے اور اس کی موجودگی میں جنسی لطیفوں کی بھرمار کرتے ہوئے بھی نہیں شرماتے تھے۔ مس آصفہ بھی غالباً مردوں کی کور ذوقی کی عادی ہو چکی تھیں اس لیے ان کا رویہ ہم سب سے کامریڈنما کا تھا۔ وہ فری لفٹ مانگ کر خوش ہوتیں۔

ہم لوگوں سے سگریٹ لے کر پینے میں انہیں باک نہ تھا اور وقت بے وقت دفتر کے ہرکاروں کے ساتھ کھانا کھنگ وغیرہ پر جاتے ہوئے بھی وہ شرماتی نہیں تھیں۔
مس آصفہ میں وہ خوبیاں نہیں تھیں جن سے لوگ عشق کیا کرتے ہیں اور وہ بھی غالباً اس بات سے اچھی طرح واقف تھیں اس لیے انہوں نے کبھی ایسی اداؤں کا اظہار نہ کیا جو عورت کو مرد کے لیے عزیز بناتی ہیں۔ یہ انہیں سردیوں کا ذکر ہے کہ مس آصفہ نے میرے گھر اور دفتر کے عین درمیان کرائے پر مکان لے لیا۔ اب وہ کبھی کبھی مجھے بس سٹاپ پر اکیلی کھڑی نظر آنے لگیں۔

سردیوں کی صبح کو بس سٹاپ پر اکیلی کھڑی عورت، بڑا دلدوز منظر ہے اور وہ بھی جب قریب سے ہیٹرکی کار ہنستی زدہ گزر رہی جا رہی ہوں اور وہ فرلگے کوٹ کا کالا کانن ٹھک اٹھائے آنکھوں پر سیاہ چشمہ لگائے، ہاتھ میں لیدر کا بڑا سا بیگ لیے بس سٹاپ کے سامنے بجلی کے کھمبے سے لگی کھڑی ہو۔

ایسے ہی کرب ناک منظر سے مرعوب ہو کر میں نے ایک دن موٹر سائیکل پر انہیں لفٹ دے دی۔ ویسے تو میری بیوی کئی مرتبہ میرے پیچھے موٹر سائیکل پر بیٹھی ہے لیکن وہ اور میں اس قدر ایک ہی جسم کا حصہ ہو چکے ہیں کہ اس کے بیٹھنے سے بھی احساس ہوتا ہے جیسے میں ہی اکیلا موٹر سائیکل پر بیٹھا ہوں۔ مس آصفہ حیدری نے کیونکہ لگی انگلیاں میرے کندھے پر رکھیں اور بہت احتیاط سے رکھیں اور نہایت لاتعلقی سے رکھیں لیکن کبھی اجنبی ہونے کی رعایت سے اپنے آپ سے پرے ہونے کے لحاظ سے اتنے بے کے سے نتے پی کے اعتبار سے وہ مجھے اچھی سی لگیں۔ عورت کو بڑا آرام ہے — اسے دنیا میں ایک آدمی اچھا لگتا ہے اور باقی سارے مردوں سے اسے نفرت ہو جاتی ہے:

مرد کو عورت ذات سے پیار ہے — یہ کسی روپ میں کہیں بھی ہو اسے اچھی لگے گی۔
اب اسی کمپنی کے پیش نظر مجھے سے ایک غلطی سرزد ہونے لگی۔ میں ہر روز بس سٹاپ پر

انتظار کرنے لگا اور جو کسی روز مس آسمہ حیدری بس میں جا چکی ہوتیں تو مجھے دل ہی دل میں ایک طرح کا افسوس سا ہوتا ۔۔۔ پھر رفتہ رفتہ دفتر سے واپسی پر بھی وہ میرے ساتھ آنے لگیں۔

اب یقین کیجیے کہ اس معاملے میں اس سے آگے پیچھے اور کچھ نہیں ہے ۔۔۔ ایک معمول سی لفٹ ۔۔۔ جو ایک دن میری بیوی نے بس میں بیٹھے ہوئے دیکھ لی ۔۔۔ تو سمجھیے کہ گھر پر قیامت کا نزول ہوا۔

جب بیوی جوان تھی تو وہ میری اصلی نقلی اور خیال موجود باؤں سے نہیں بلتی تھی تب اسے اپنے کسی بل پر بہت مان تھا۔ وہ جانتی تھی کہ یہ جلے گا کہاں تک ۔۔۔ اور اب جبکہ اس کے جسم پر فوم ربر چپڑ چوم چکے ہے، چہرے پر بالوں نے یلغار کر دی ہے ۔ آواز بھاری اور بھدی ہو چکی ہے ۔ اب۔ جبکہ کوئی چیز اسے غیر شعوری طور پر سائرن بجا بجا کر بتاتی ہے کہ اس میں قوتِ مدافعت نہیں ہے ۔ وہ ہر چھچھ مدرمت مست بارہ کی کو چار سو بیس حرافہ سمجھتی ہے ۔۔۔ خدا جانے سائیکلوجی والے کیا کہتے ہیں اور اس بڑھاپے کے مرد کے متعلق انہوں نے کیا حاصل نکالے ہیں لیکن میں اس قدر جانتا ہوں کہ ایسے معاملے میں مرد بے چارے پر سپر بس کا الزام لگتا ہے اور یہ الزام اس کی نامردی کے الزام سے کہیں زیادہ تکلیف دہ ہوتا ہے جو جوانی میں ایک کنواری دو دلہن لگا سکتی ہے۔

مس حیدری سے جھگڑے کی تین سٹیجیں آئیں۔

پہلے تو میری بیوی چپکے چپکے روئی اور اندر ہی اندر پتہ کرواتی رہی کہ یہ لفٹ کس کو دی جاتی ہے؟

پھر اس نے اشارۃً بے وفائی اور کج ادائی کے طعنے دینے شروع کر دیے۔

بعد ازاں جب مجھ پر کوئی اثر نہ پایا تو کھلم کھلا پوچھ گچھ شروع ہوئی ۔ مقدمہ دائر ہوا اور پرانی ساری مروت بھلا کر مجھے اپنا جانی دشمن سمجھ بیٹھیں۔

میری سمجھ میں نہیں آتا کہ عورت کی کمر پڑی کیسے سوچتی ہے۔ اسے فرصت میں رکھو۔ آدھی روٹی کھلاؤ ہنستی کھیلتی رہے گی لیکن سونے کا نوالہ کھلاؤ اور کسی دوسری عورت کی جانب آدھی نظر بھی ڈال لو تو تہمت علاؤ دس کو لات مار کر سنیاس لے لے گی۔ اپنا گھر برباد کرے گی اور مرد کی عافیت تباہ کر دے گی۔

میری بیوی کا مجھ سے کبھی کوئی اختلاف نہیں ہوا ۔۔۔ یعنی تا وقتیکہ اس کی گود میں پوتا نہیں تھا۔ پوتے کی آمد کے بعد اختلافات کچھ اس قسم کے ہوتے کہ میری بیوی بولتی رہتی اور میں سنتا اور کڑھتا رہتا۔ اسی لیے یہ اختلاف کبھی دیر پا ثابت نہیں ہوئے لیکن اس بدترین آتش فشاں پہاڑ پھٹا اور شگاف سا پڑ گیا ہم دونوں کے درمیان ۔۔۔ میں نے قسمیں کھائیں۔ وعدے کیے۔ حلف وفاداری اٹھائے لیکن شکوک کے راکٹ کی طرح اوپر ہی اوپر اٹھتے تے۔۔۔ بالآخر میں نے قرآن پر ہاتھ رکھ کر قسم کھائی کہ آئندہ مس حیدری سے کوئی کلام نہ رکھوں گا۔ اس سے میری بیوی کے شکوک تو رفع نہ ہوئے۔ ہاں اتنا ضرور ہوا کہ اس نے مجھ پر اور میری قسم پر اعتبار کر کے اس بات کا ذکر چھوڑ دیا۔

اب پاس قسم سے ایک مشکل اور درپیش ہوئی۔ میں روز مس حیدری کو لفٹ دیا کرتا تھا اور دو سر دیوں کی صبح کو میری منتظر رہا کرتی تھی۔ اب میں رستہ بدل کر دفتر جانے لگا۔ دفتر سے واپسی پر بھی میں کہیں نہ کہیں چپ جاتا۔ میری اس بے اعتنائی نے ایک اور گل کھلایا۔ مس حیدری جو مردوں کی طرح دفتر میں زندگی بسر کر رہی تھیں یکدم عورت بن گئیں۔ انہیں میرے ساتھ دفتر میں کام کرتے پورا چھ تھا سال تھا اور ان چار سالوں میں ان کی ذات سے سرکاری اور غیر سرکاری ایک بھی سکینڈل منسوب نہ ہوا تھا۔ بے چاری اپنے طرز کی نہایت بے ضرر خاتون تھیں۔ لوگوں کی شادی شدہ زندگی تباہ کرنے کا انہیں خیال بھی نہ آسکتا تھا لیکن میں جو ان سے پچھنے لگا اور اپنی جان چرانے لگا تو سوئی ہوئی نیند سے شہرزادی جاگ اٹھی اور پہلا مر جو مجھے نظر آیا وہ میں تھا۔

پہلے تو ایک دن میرے کمرے میں میری غیر موجودگی میں ایک نوٹ لکھ کر چھوڑ گئیں کہ میں ان سے مل لوں لیکن جب میں نے ان سے ملنے کی کوشش نہ کی تو دوسرے دن وہ میرے کمرے میں آئیں اور بڑی دیر بیٹھی رہیں لیکن میں بڑی شدت سے ٹائپ کرتا رہا اور اس دوران کئی بار اٹھ کر بوں کے کمرے میں گیا۔ اس کے بعد وہ عموماً میرے میں چھوٹی چھوٹی سرکاری الجھنیں اور سرکاری گود سب لے کر آنے لگیں۔ میں چونکہ قرآن پر ہاتھ رکھ کر قسم کھا چکا تھا اس لیے قطعاً ان کی اس توجہ نے مجھ پر اثر نہ کیا۔

اس دلت میں چاہیوں کے ساتھ پنگ پنگ میں ریٹائر ہو چکا تھا۔ باہر ہلکی ہلکی بارش ہو رہی تھی۔ میں خیالوں میں پانچ فٹ گیارہ اپنچ کا خوبرو نوجوان تھا۔ میں نے پہلے لمبی چابی سے ایک طاق کھولا۔ پھر دیوار میں دوسری چابی لگا کر الماری کھول۔ اس کے بعد مونیا کی کی ایسی چابی فٹ کر کے خفیہ دراز کھول کر وہ ننھی سی پستول نکالی اور ابھی گیلری تک پہنچا ہی تھا کہ میری بیوی ہاتھ میں ایک چھوٹا سا سفید لفافہ لیے آ گئی:

"اور اب بھی آپ کہیں گے کہ معاملہ کچھ نہ تھا ــــ!؟"

میں اپنے حواس مجتمع نہ کر سکا اور ہڑ بڑا کر اٹھ بیٹھا۔

"مجھے کیا معلوم تھا کہ آپ قرآن کی جھوٹی قسم بھی کھا سکتے ہیں!"

"لیکن ہوا کیا ہے آخر ــــ؟"

"اس عمر میں معصومیت کا ڈرامہ کچھ ایسا چجتا نہیں آپ پر!"

"کچھ سمجھا ڈوبی؟"

"یہ خط تو آپ جیسے پہچانتے ہی نہیں!"

"خط ــــ؟"

"لیجیے اور دیکھیے۔ میں ایسی تنگ نظر نہیں ہوں کہ ایسی باتوں کا مرا مان جاؤں۔ آپ شوق سے جہیں جگہ دل لگائیں ــــ سو جگہ خط لکھیے ــــ اور ان چاہیوں کو سینے سے لگا کر

دیکھے جی میں یہ خط منتقل ہوتے ہیں لیکن مجھے افسوس اس بات کا ہے کہ آپ نے مجھ سے سچ نہیں کہا۔ مجھے اپنا خیر خواہ نہیں سمجھا ۔ اپنا دوست نہیں جانا'۔

"کون کہتا ہے ــــــ !"

'جوانی میں آپ سے جو کچھ بھی ہوا میں نے معاف کیا کیونکہ آپ نے ہمیشہ مجھ سے سچ کہا اور ہر بات مجھے بتائی لیکن اب آپ مجھے اپنا دشمن سمجھتے ہیں ــــــ رازداری برتتے ہیں مجھ سے ٬٬

"کون کہتا ہے ــــــ !"

"میں جانتی ہوں یہ کوٹ کہاں سے آیا ہے ۔ میں جانتی ہوں یہ چابیاں کون سے تالے کی ہیں ۔ میں جانتی ہوں کہ اس تالے کو کھول کر کس کے غلاف کھے جاتے ہیں ــــــ خدا کو دیکھا نہیں تو عقل سے تو پہچانا ہے ۔ آپ جس سے چاہے دل لگائیں لیکن خدا کے لیے جھوٹ تو نہ بولیے مجھ سے ـــ"

میری بیوی یوں ہی بولتی ہوئی باہر چلی گئی۔
سفید منّا سا خط میرے پلنگ پر پڑا تھا۔ میں نے ڈرتے ڈرتے اسے کھولا ــــــ
مس حیدری نے لکھا تھا:

'آپ اس قدر بدل گئے ہیں ۔ آخر آپ کو ہو کیا گیا ہے ــــــ میں کئی بار آپ سے ملنے آئی لیکن آپ کی چابیوں اور کوٹ کے علاوہ اور کسی سے کچھ نہیں کہہ سکی ۔ یہ کوٹ اور چابیاں میری رازداں ہیں ۔ کاش! آپ کو یہ وہ سب کچھ بتا سکیں جو میں انھیں بتا چکی ہوں ۔
ــــــ مس حیدری'۔

میرے تو پاؤں تلے سے زمین نکل گئی۔
تین سال ہو گئے ہیں میں نے وہ کوٹ اور چابیاں دونوں بیوی کی تحویل میں دے

دی ہیں لیکن اس بھلی لوگوں کو ابھی تک یقین نہیں آسکا کہ جو راز مس حیدری نے کورٹ اور چا بیوں کو بتایا تھا میں اسے نہیں جانتا۔

عجیب اتفاق ہے کہ اسی عورت نے ہمارے ملنے میں مجھے "بڈھے ٹٹر کی" کا خطاب دلا دیا ہے جس نے مجھے نامرد ہونے کے الزام سے بچایا تھا ۔۔۔ لیکن یہ تو تیس سال پہلے کی بات ہے!

بہوا

بہوا کے جانے کے تیسرے دن بھیا کی نٹی نویلی دلہن بھی میکے چلی گئی۔ اب حقیقت تو خدا کو یا بہوا کو بہتر معلوم ہے لیکن اس کے اچانک چلے جانے سے ہمارے گھر میں عجب قسم کی خاموشی چھا گئی ہے۔ بھیا اپنا فٹ بھر لمبا سگار لے کر لان میں بیٹھ جاتے ہیں اور پھر کسی سے کچھ نہیں کہتے۔ مٹھّی کہ اُن کے منہ سے نٹّے کے متعلق بھی کوئی بات نہیں نکلتی ۔۔۔۔ اب آپ ہی بتائیے پہلے بھی کبھی یوں ہوا تھا؟ بہوا کے جانے سے پہلے تو بھیا چھین چھین کر نٹّے کو بہوا سے لے جاتے تھے کبھی اس کے لیے ہوائی جہاز بناتے۔ کبھی اس سے سرکس کراتے ۔۔۔۔ تم لوگ اِن کی گود میں لیٹ بھناتو گایوں کی مشق کراتے لیکن اب تو کرسی میں دھنسے یوں بے نیاز ہو گئے ہیں گویا مٹھّا اس گھر کا نہیں ہمسائے کا بچہ ہے جو بھول کر یہاں آ گیا ہے ۔۔۔۔ ؟

مٹھّا اُن کی کرسی سے لگ کر آہستہ سے کہتا ہے:
"چچا چاچا ۔۔۔ چچا چاچا :

لیکن مسکرا کر دیکھنے کے علاوہ اُن کے منہ سے کوئی بات نہیں نکلتی اور میں سوچتی ہوں کہ

آخر بات کیا ہے ۔۔۔ دلہن پیکے سے آتی کیوں نہیں؟ ۔۔۔ ہوا کہ مہر دین کیوں نہیں ڈھونڈ لاتا؟

ہوا تھی تو گھر آنگن سبھی سجا ہوا تھا ۔۔۔ کانگڑے کے یہ مہاجر ہمارے گھر میں نوکر تھے۔ ہوا ننے کو کھلاتی تھی اور کپڑے وغیرہ دھوتی تھی۔ مہر دین باورچی کا کام کرتا تھا اور دونوں کی خوب گزران ہوتی تھی ۔۔۔ ہوا کی بوڑھی ساس جب کبھی چھو چھیڑیل سے اُٹھا ہوا تھا سارا دن نوکروں کے کوارٹروں کے سامنے نیم کے پیڑ تلے گٹھڑی بنی پڑی ہوتی اور ہوا کے کام میں کیڑے نکالتی تھی۔

یہ بھی کی بات ہے ایک دن پہلے کا ذکر ہے، ہوا پچھلے آنگن میں تار پر دُھلے ہوئے کپڑے نچوڑ نچوڑ کر ڈال رہی تھی ۔ میں نیچے کے چھوٹے سے مرغ پا اینجامے میں ازار بند ڈال رہی تھی ۔ ہر بار جب ہوا کپڑا نچوڑتی تو منہ کو بھی آستین سے پونچھ لیتی۔ کچھ دیر تو مجھے خیال نہ آیا۔ پھر میں اس کے قریب چلی گئی۔

ہوا رو رہی تھی۔

اس کی بڑی بڑی شربتی آنکھیں لال ہو رہی تھیں اور ناک کی موٹی سی تیلی پر ایک جھلملاتا آنسو پھسل رہا تھا۔

میں قریب پہنچی تو ہوا اور بھی تندہی سے کام میں مشغول ہو گئی۔

"ہوا ۔ ہوا کیا ہے آخر؟"

"بی بی جی! اب کس وقت تک ان کی باتاں برداشت کروں جی؟"

"کن کی باتاں؟" میں نے پوچھا۔

"مہر دین اور اس کی ماں کی ۔۔۔"

"مگر بات کیا ہے؟ کچھ بتاؤ تو سہی ۔۔۔"

"اب جی مہرا کو ے جی کہ جا ننگ کیوں نہ ہوا ا بے تک تک ہاں ۔۔۔"

یہ کہہ کر بہو اپھک پھک رونے لگی۔

میں اسے اس وقت تک تسلی دیتی رہی جب تک اماں نے مجھے اندر نہ بلا لیا۔ بہو کی شادی کو تین سال ہو چکے تھے لیکن وہ نوجوان عورت ابھی تک بچے کو ترس رہی تھی۔ منے کو سارا دن لیے پھرتی اور میرا خیال ہے اگر ہم اسے اجازت دیتی تو شاید وہ منے کو رات بھی اپنے ساتھ ہی سلاتی۔

کچھ تو بہو کی بد نصیبی تھی اور کچھ مہر دین اور اس کی ماں نے اس کا دل چھلنی کر دیا تھا۔ جب کبھی وہ اکیلی بیٹھی مجھے نظر آئی اس کی آنکھوں میں ہمیشہ آنسو ہوتے۔

برات کی واپسی پر سب تھک ہار کر سو چکے تھے۔ صرف دوسری منزل میں دولہا دلہن کے کمرے میں بتی روشن تھی۔ مجھے نیند نہ آ رہی تھی۔ خدا جانے کیوں میرا دل سرِ شام سے گھبرایا ہوا تھا۔ بھیا نے دلہن کو پہلی مرتبہ آج ہی دیکھنا تھا اور دلہن کی صورت واجبی اور رنگ بھی گہرا سانولا تھا۔ وہ بیچاری جب خاموشی سے سر جھکائے بیٹھی تھی تو بھی لگتا تھا کہ جیسے مسکرائے جا رہی ہے۔ ننھا سا ایک دانت نکلے لب پر کچھ اس انداز سے ٹکا ہوا تھا کہ اس کی ساری سنجیدگی کو چپکے لیے جاتا تھا۔

پھر اوپر والی منزل سے کوئی بھاگی کر نیچے اترا تو میں منے کو سوتا چھوڑ کر برآمدے کی طرف چلی۔ بھیا کا سانس پھولا ہوا تھا اور وہ ڈریسنگ گاؤن کی ڈوریاں باندھنے میں مشغول تھا۔ مجھے دیکھتے ہی بولا:

"تم لوگوں نے میرے لیے اچھا نگینہ تلاش کیا ۔۔۔۔"

میرا دل سینے میں زور زور سے اچھلنے لگا:

"کیوں کیا بات ہوئی ۔۔۔۔"

"بھابی! کچھ دیکھ تو لیا ہوتا ۔۔۔ تمہیں اپنے دیور پر ذرا بھی ترس نہ آیا؟"

بھیا کی آنکھوں میں کچھ ایسے آنسو تھے اور آواز میں ایسی دکھ بھری تڑپ تھی کہ

میرا اپنا جی دکھ گیا ۔۔۔ لیکن جو ہونا تھا ہو چکا تھا۔ اب داد وبلا کرنے یا گلہ کرنے سے کچھ ہاتھ نہ آ سکتا تھا۔
میں نے منت سماجت کرکے بھیا کو اوپر بھیجا اور رجی ہی جی میں دعائیں مانگنے لگی کہ یا اللہ! بھیا دلمن کی طبیعت کے اسیر ہو جائیں ۔۔۔ بھیا اور دلمن کی یوں بنے کہ سارا گھر لرز جلے ۔۔۔ لیکن صبح کی اذان ہوگئی اور میری آنکھ نہ لگی۔
صبح گجر دم جب بہو اماں مقعد کے لیے دودھ کی بوتل لائی تو اس نے جھک کر میرے کان میں کہا :
"بی بی! بھیا تو لان میں گھوم رہے ہیں ۔۔۔ کیا دلمن میں کو نہیں لگی ان کے؟"
یہ اس روز کا ذکر ہے جب اماں نے پہلے دن دلمن کا قدم بھاری جان کر سارے میں مٹھائی بانٹی تھی ۔۔۔ ہم سب دلمن سے ہنسی مذاق کر رہے تھے اور وہ پلنگ پر بیٹھی کبھی بھیا کی طرف دیکھتی تھی اور کبھی اپنے پیر دل کی طرف۔

پھر سر دو نٹرز کو ارٹرز کی طرف سے رونے پیٹنے کی آوازیں آنے لگیں۔ میں اور اماں بھاگی بھاگی ادھر کو لپکیں۔ نیم کے درخت کے نیچے مہر دین کی ماں گٹر گٹر روتی لیے بیٹھی تھی اور مہر دین کے ہاتھ میں بجھی ہوئی چھوٹی سی لکڑی تھی اور وہ بڑھ بڑھ کر بہو کو پیٹ رہا تھا۔
میں نے مہر دین کی بس ایک ہی بات سنی اور پردہ ہیں دیکھ کر اپنے کمرے میں جا چھپی وہ کہہ رہا تھا:
"دیکھتی نہیں، دو مہینے آٹے کو نہیں ہوئے اور دلمن امید سے بھی ہوگئی۔ تجھ ایسی کو کہہ جلی سے میں کب تک نباہ کر دوں گا ۔۔۔ جا یہاں سے جا ۔۔۔"
اسی رات خدا جانے بہو کہاں چلی گئی؟
پولیس میں رپٹ لکھوائی۔ مہر دین کے تمام رشتے داروں میں تلاش کیا لیکن

ہوا کا سراغ نہ ملا۔

اور پھر ہوا کے جانے کے تیسرے دن اچانک دلہن بیگم نے تانگہ منگوایا اور اپنے میکے رخصت ہو گئیں۔

میں نے بھیا سے پوچھا تو وہ بولے:

"تم نے ہوا کو دیکھا تھا؟ ۔۔۔ اتنی خوبصورت عورت مہر دین جیسا نکال سکتا ہے تو میں ہی ایسا پاگل ہو گیا ہوں کہ تمہاری دلہن کے ساتھ گزارہ کرتا رہتا ہوں۔"

میں نے سمجھا کر کہا: "بھیا دیکھتے نہیں اللہ نے دلہن پر کیسی رحمت کی ہے۔"

بھیا چہا چبا کر بولے:

"ہاں ۔۔۔ ایک اِن ہی کو اس رحمت کی ضرورت رہ گئی تھی؟ ۔۔۔ پہلے جو ماشاء اللہ بہت خوبصورت تھیں اب اور بھی چار چاند لگ جائیں گے۔"

"بھیا یہ کفرانِ نعمت ہے۔ توبہ توبہ ڈرو اس کے قہر سے۔"

"قہر تو ہی اس کا مجھ پر نازل ہوا ہی ہے ۔۔۔ پہلے کم از کم اپنے جانے میں تو رہتی تھی ۔۔۔ اب تو دہی اُترانے لگی تھیں ۔۔۔ ایک اترائی ہوئی بد صورت عورت تو مجھ سے برداشت نہیں ہو سکتی۔"

"بھیا ۔۔۔ !" میں نے چلّا کر کہا۔

"پہلے اس کی چاکری ہی کیا کم تھی جو اب اس کے بچوں کو بھی پالتا پھروں ۔۔۔ ٹھیک ہے اسے وہیں رہنے دو بی ۔۔۔ !"

میں خاموش ہو گئی۔

مجھے یوں لگا جیسے ہوا اور دلہن دونوں ہاتھ پکڑے اور واپس نہ آنے کی قسم کھا کر دھرتی تلے اتر گئی ہوں!

پہلا پتھر

زارا کی نگاہیں ٹیلی فون پہ جمی تھیں لیکن وہ بڑی تیزی سے عصمت سے باتیں کیے جا رہی تھی:

"دیکھو عصمت! بس زندگی میں غیرت ہی ایک چیز ہوتی ہے۔ اگر ہمیشہ تم ہی اس سے ملنے جا ڈٹکو گی تو وہ تمہیں اپنی جو تی کے برابر بھی اہمیت نہیں دے گا:

"لیکن یہ کب کہتی ہوں کہ وہ مجھے اہمیت دیتا ہے! عصمت نے کیچوے کی طرح بل کھا کر کہا۔

زارا کی نگاہیں پھر ٹیلی فون کا طواف کر گئیں اور اس نے کنفیوکشس کی عظمت کہ بنیاد بنا کر مشورہ دیا:

"اپنا دل مٹرول لو عصمت! ایک طرف عاقل بھائی ہیں۔ جانتی ہو ران سے اچھا شوہر والدین تلاش کر کے ہم نہیں پہنچا سکتے؟

"لیکن میرا دل! میرا دل کوئی پُرزہ نہیں ؟"

زارا کے نگاہ فون کی گھنٹی اندر ہی اندر بج رہی ہے اور جب اس کی آواز کہیں دب کہ رہ گئی۔ وہ اپنی جگہ سے اٹھی سوات کا ملمیر دل سرخ پردہ اس کے سر سے پڑھے ذرا سے

کلمایا اور پھر ڈنڈے سمیت مخلف دیوان پر آگرا سانٹی سنجیدہ گفتگو میں کامیڈی پیدا ہو گئی۔ زارا نے ہنس کر کہا:
"نماز ادا دل اسی پر دے کی طرح بلندیوں سے گرے گا۔ دیکھ لینا"۔
"پھر اگر گرتا ہے تو گرنے دو۔ شاید پھر اسے عقل آ جائے گی"۔
عصمت نے اپنی کتاب میں اٹھائی۔ سر پر بد دلی سے دوپٹہ اوڑھا۔ پاؤں میں سلیپر گھسائے اور بغیر مطلع کیے برآمدے تک پہنچ گئی۔ زارا نے فون کی طرف دیکھا کمبخت اس کی گھنٹی شاید خراب تھی۔
پھر وہ بھی دروازہ کھول کر عصمت کے پیچھے برآمدے میں چلی گئی لیکن عصمت بھاری قدم دھرتی پھاٹک تک نکل گئی تھی۔ زارا نے ہاتھ ہلایا۔ عصمت نے جواب میں کتاب والا ہاتھ ہوا میں لہرا دیا۔ بچا بھی تک سکول سے نہیں آتے تھے۔
گھر میں کتنی خاموشی تھی۔ زارا ستون کے ساتھ کرسی لگا کر کھڑی ہو گئی۔ اور ستون اور چھت کے درمیان چھوٹے سے موکھے میں چڑیا اور چڑا گھر بنانے کے مشورے کر رہے تھے۔ دو تنکے ساتھ تھے جنہیں وہ اس چھوٹی سی جگہ میں جاتے، ادھیڑتے اور پھر جماتے تھے۔ چڑے میاں کا مزاج ذرا تند تھا وہ چڑیا کی ہر ہر سکیم فیل کرنے پر تلے ہوئے تھے۔ اس پر اگر ذرا سا چڑیا بھی خم کھاتی تو دو تین چونچیں دے ماس دیتے۔
زارا بڑی دیر تک انہیں دیکھتی رہی۔
فون کی گھنٹی میں ذرا جنبش نہ ہوئی۔
اس نے اپنے جی میں کوئی ہزار ویں مرتبہ کہا: ہونہہ۔ نہیں کہ تا نوی نے سی ہی میں کوئی عصمت ہوں"۔
لیکن گھر کتنا خاموش تھا۔ اماں نہ جانے کہاں چلی گئی تھیں اور جی میں اس اد و بلاد کی سی کھد بد ہو رہی تھی جیسے پانی کی نے سے پیسہ نکالنے سے روک رکھا ہو۔ ابا تو خیر کبھی تین بجے

آتے ہی نہیں لیکن اماں کیوں غائب ہیں بھلا؟ کالج سے گھر واپس آؤ اور اماں نہ ملیں تو دل ویران ہو جاتا ہے۔

زارا نے اپنے وجود کو دیوان پر ڈال دیا اور سوچنے لگی ہفتے کی رات کے متعلق ۔۔۔ ہفتے کی رات ویسے بھی اپنے اندر ایک دوران کی دنیا رکھتی ہے لیکن اس ہفتے کا خواب اس کے ساتھ ابھی تک چل رہا تھا۔

"یہ ہیں فلائٹ لیفٹیننٹ زبیر احمد"۔

"اور یہ ہے زارا ۔۔۔ روس کی نہیں اپنے پاکستان کی"؟

زبیر احمد نے لمحہ بھر کے لیے اسے دیکھا۔ بس لمحہ بھر کے لیے اور پھر وہی امریکن رسالہ دیکھنے لگا جس کے باہر کسی نہ کسی برہنہ عورت کی تصویر تھی۔

"بھائی زبیر! ہم اسے جینا لولو بریجڈا کہتے ہیں"۔

"ہیں ۔۔۔ !؟" زبیر نے ایک نظر اسے سرے پیر تک دیکھا ۔۔۔ "توبہ! کوئی جوان کی دھوپ میں کھڑا رہ سکتا ہے بھلا"؟ زارا خاموشی سے ریڈیو گرام کی طرف پلٹ گئی۔

زبیر ساری شام وہی امریکن رسالہ پڑھتا رہا اور سعیدہ اپنے بھائی کی تعریفیں کرتی رہی۔ زارا ان تعریفوں سے چڑ گئی لیکن ساتھ ہی اسے یہ بھی پتہ چل گیا تھا کہ امریکن رسالے کے پیچھے سے کبھی کبھی دو چھوٹی چھوٹی آنکھیں ابھرتی ہیں اور اس کے اطراف کر کے لوٹ جاتی ہیں۔ گپ چپ آہستہ آہستہ!

جب وہ کھانے کے بعد اپنے گھر جانے والے تھے اور اماں، زرّیں، شبنم اور جاوید کار میں پڑھ گئے تھے تو وہ اپنا پرس لینے دوبارہ اندر آئی تھی یا اندر آنے پر اسے نہیں پرس وہ کسی اور کی تلاش میں آئی تھی۔ زبیر اسی جگہ بیٹھا تھا جہاں اس کا پرس ریکارڈوں کے قریب دھرا تھا۔ پرس کے ساتھ سندی ہوئی لمبی زنجیر اس کے ہاتھ میں تھی اور وہ اسے کھولنے ہی والا تھا جب زارا اندر لپکی ۔۔۔ بغیر آستینوں کی قمیض پہنے، لمبی ایڑی پروزن جاتے اس نے

سب سے پہلے اپنا عکس شیشے میں دیکھا۔ اس کے بعد اس کی نظر زبیر احمد پر پڑی۔ وہ یقیناً ہر طرح سے اس سے گھبرایا تھا۔
"میرا پرس!" زارا نے آہستہ سے کہا۔
زبیر نے پرس اپنی پشت کی جانب کر لیا۔ پتلی پتلی را جہوتی مونچھوں میں ہلکی سی جنبش ہوئی۔
"میرا پرس مجھے دیجیے پلیز!"
"تاوان ادا کیجیے بھول جانے کا؟"
باہر ابا نے ہارن بجایا۔ نئی گاڑی کا نیا ہارن۔
"دے دیجیے پلیز ۔۔۔۔ ابا بلا رہے ہیں:"
"لیجیے اگر طاقت ہے ورنہ ہم تو ہر ایک چیز کو ہوا میں اچھال دینے کے عادی ہیں"۔
"پلیز۔۔۔۔!"
زبیر نے نگاہیں فرش پر جما کر کہا۔ "اب یہ کیسے ثابت ہو کہ یہ پرس آپ کا ہے!"
باہر پھر ہارن بجا ۔۔۔۔ تلخی کے ساتھ۔ بڑی طوالت سے۔
"دیجیے نا۔۔۔"
"فون کیجیے گا نا۔۔۔۔؟"
"آپ کر لیجیے گا خود ہی۔۔۔" ناراں نے پرس کے لیے ہاتھ بڑھا کر کہا۔
"نہیں بی بی! تاوان تو آپ کو ادا کرنا ہے"۔
ہارن اس بار بجتا ہی گیا۔
"اچھا لے لیجیے۔۔۔۔ لیکن فون کیجیے گا؟"

"اگر آپ کر دیں گے تو میں جواب دے دوں گی"۔
پرس لے کر وہ پچھلی سیٹ پر آ بیٹھی۔ زرتب نے اس سے کچھ پوچھا۔ شاید نے پلٹ کر کچھ کہا لیکن وہ کھڑکی سے پرے دیکھتی رہی۔ درختوں سے گھری مایہ دار سڑک اسے آج نئی سی لگی۔ کار کے شیشے پر را بھجوتی مونچھوں کا مکس خدا جانے اسے کیوں نظر آتا تھا۔

پورے تین دن جا چکے تھے اور سعیدہ کے گھر سے ایک بار بھی فون نہ آیا تھا۔ ہر بار جب فون کی گھنٹی بجتی تو وہ ہر کام چھوڑ کر اسے اٹھانے جاتی۔ آخری بار جب ابا کے دفتر سے ان کے چپراسی نے فون کیا تو اس نے بغیر سلام کا جواب دیے ہی چپ نگا ٹھیک دیا اور خود بازو پر سر رکھ کر رو دینے لگی۔

عصمت جا چکی تھی۔ یہاں کا بہانہ بنا کر وہ سیدھی ریلوے اسٹیشن جائے گی اپنے مختار سے ملنے۔۔۔۔۔ ریلوے اسٹیشن ملاقات کی اچھی جگہ ہے۔ انگریزی گانے کی طرح ڈکارتی ٹرینیں واں دار کرتی پلیٹ فارموں پر آتی ہیں۔ کمرے سے کھٹا چھلتا ہے اور اس بیئر میں عصمت پلیٹ فارم کا ٹکٹ خرید کے کاچ کی کتابیں ہاتھ میں لیے سیڑھیاں پڑھتی ہے۔ ابھی پرسوں تو وہ کہہ رہی تھی کہ اتوار کے دن جو جی چاہتا ہے صبح کے وقت ہوتا ہے وہ اسے دیکھ کر مسکرانے لگا ہے اور اسی لیے اب انوار کے دن وہ صبح کو ریلوے اسٹیشن نہیں جاتی۔

شاید فون کی گھنٹی بجی؟
اس نے اپنی لمبی ٹانگیں سیٹ لیں اور اس کا رواں رواں گھنٹی کے ار تعاش پر رزنے لگا۔ جس طرح کسی آسمان پر مشور مچانا ہوائی جہاز گزر رہا ہے تو مکانوں کی کھڑکیوں میں شیشے چلتنگ سا بجلنے لگتے ہیں لیکن وہ زارا و زندگی لیٹ گئی۔ فون کی گھنٹی نہ تھی اندر کھانے کے کمرے میں ٹائم پیس غلط الارم بجا رہا تھا۔ گھر کتنا سنسان تھا۔ وہ اٹھ کر فون کے قریب مرخ بید کی کرسی پر بیٹھ گئی۔ اس کی نظروں میں عصمت گھوم رہی تھی۔
عصمت کی دیدہ دلیری بھی غضب ہے۔ کیسے پلیٹ فارم ٹکٹ لے کر وہ سیڑھیاں

چڑھ صنتی ہے اور پھر پل پر اس دقت تک کھڑی رہستی ہے جب تک پیچھے سے مختار برآمد نہیں ہوتا۔ کئی بار تو اسے پون گھنٹہ تک راہ دیکھنا پڑتی ہے۔ ٹرینوں میں سے ایک خلقت نکلتی ہے لیکن اس ہجوم میں مختار نہیں ہوتا۔ پھر گھر لوٹنے کی بھی جلدی ہوتی ہے ۔۔۔۔۔۔ لیکن ایک منٹ کرتے کرتے دو پون گھنٹہ کھڑی رہستی ہے اور پاؤں میں سوئیاں سی چبھنے لگتی ہیں گاڑیوں کے دھویں سے جی ماش کرنے لگتا ہے اور جی چاہتا ہے کہ کسی انجن تلے لڑ کر جان دے دی جائے۔

لیکن ہمیشہ ایسے لمحوں میں کہیں سے مختار آجاتا ہے اور پھر وہ دونوں رش سے بچ کر ایک معمولی سے بنچ پر بیٹھ کر باتیں کرنے لگتے ہیں۔ ریل کی متوازی پٹڑیوں کی طرح باتیں کی لامتناہی ہوتی ہیں ۔۔۔۔۔۔۔ اور ہر بار ملنے کے باوجود نقطۂ اتصال پیدا انہیں ہوتا۔
گھر میں کتنی خاموشی تھی۔

باہر چڑیا اور چڑے کی جوڑی چونچوں میں پھونس اٹھائے ستون کے موکھے میں گھر بنانے کے جتن کر رہے تھے۔ باورچی خانے میں نلکے کے پانی کا دھار اپوری آب و تاب سے بہہ رہا تھا اور ڈائنگ ہال سے برتن اٹھانے اور لگانے کی آوازیں آنے لگی تھیں۔ زارا نے ٹانگیں اٹھا کر میز پر رکھ دیں اور آخری بار سوچا:
"اور اگر میں زبیر کو فون کر دوں تو؟"

یہ خیال اس کے ذہن میں چکر لگاتا چوگاڈ ڈڈر کی طرح کلک کر رہا گیا۔
اس نے فون کے چونگے پر ہاتھ دھرا اور پھر اٹھا لیا۔ اسے یوں لگا کہیں سے عصمت نے دیکھ لیا ہے اور وہ پلیٹ خادم کے اوپر سے رومال ہلا کر کہہ رہی ہے :
"زارا! بسٹ آن لک ۔۔۔ ۔۔۔ لیکن ۔۔۔ دیکھنا یہ خار زار ہے۔ یہاں پتہ مانا پڑتا ہے پتہ!"

پیونگا اٹھانے اور رکھنے میں ابھی جانے کتنی دیر لگ باقی اگر اسے خیال نہ آتا کہ ابھی

شبلہ، نفی اور جاوید سکول سے آ جائیں گے اور پھر ۔۔۔۔۔ پھر خط لکھانے کیا ہو؟
اس نے سعیدہ کے گھر کا نمبر ملایا اور جی ہی جی میں دعا مانگی کہ کاش سعیدہ چونکا اٹھا
کہے :
"جینا لو لو بر جیدا میرے بھائی تو کل چلے گئے رسال پور۔"
جب دوسری طرف سے آواز آئی تو فون زارا کے ہاتھ سے گرتے گرتے بچا۔
"یس ۔۔۔"
"جی سعیدہ گھر پر ہے؟" اس نے پوچھا۔
"جی۔ کون صاحبہ ہیں؟"
"جی میں زارا ہوں۔"
"ہیلو ۔۔۔! جینا آپ کو اپنا وعدہ یاد رہا پھر ۔۔۔۔؟"
"کیسا وعدہ ۔۔۔؟" وہ چونک کر بولی۔
"تاوان بھرنے کا!"
"جی کیسا تاوان ۔۔۔ آپ کون ہیں؟"
اب دوسری طرف سے قہقہ بلند ہوا ۔۔۔ بھر پور قہقہ، اٹھارے کی گھن گرج جیسے۔
"یعنی آپ مجھے یقین دلانا چاہتی ہیں کہ آپ نے مجھے پہچانا نہیں۔"
قہقہ شکوے لیتا ہوا لینڈ کر گیا۔
"اچھا نہیر صاحب ہیں ۔۔۔!"
"جی ہاں زارا صاحبہ! اور دیکھیے آپ کے پرس میں آپ کی ایک ذاتی شے نہیں ہے
وہ میرے پاس امانت رکھی ہے۔ بھجوائیے گا کسی روز۔"
"کون سی چیز ہے؟"
"اب دیکھیے مالِ غنیمت کی فہرست تو دشمن کو نہیں دکھائی جا سکتی نا؟"

وہ ہنسی ہو گئی۔ دور سے اہا کے ہارن کی آواز آرہی تھی۔
"بہت اتنی دیر تک نہ آتے نہیں اور اب آگئے ہیں جب ——"
"آپ آئیں گی تو بل جلے گی البتہ جاتے تے دونوں سے میں استعمال کر رہا ہوں۔"
"بتائیے نا آپ؟"
"بتا دوں گا لیکن آنے پر۔"
"میں نہیں آسکتی۔"
دوسری جانب سے قہقہ پھر اڑنے لگا:
"معاف کیجیے گا آپ کا باپ بھی آئے گا:"
اس نے جلدی سے فون چونگے پر دے مارا۔
واقعی اس کا باپ پورے ہفتہ آچکا تھا۔
رات بہت جا چکی تھی۔

اس نے سر اٹھا کر دیکھا مسلمان میں زبیر کا بلب روشن تھا اور اس کی روشنی درز میں سے اندر آرہی تھی۔ شبانہ کی ایک چھوٹی تکیے پر سانپ کی طرح پڑی تھی اور اس کا سر اندر وخالی میں غائب تھا۔
وہ کمنی کے بل جھک گئی۔ اسے زبیر پر کتنا غصہ آر ہا تھا۔ اگر اس وقت وہ سامنے ہوتا تو زارا اپنے پورے ہاتھ کا تھپڑ اس کے منہ پر مارتی لیکن اس کے جی نے پوچھا "زارا بی بی! تم نے یہ جانا اس وقت کیوں نہ ریکرڈ کیا جب ۔۔۔۔"
لیکن تب تو دہ دونوں اکیلے تھے اور دان سے بیس فٹ کے فاصلے پر سعیدہ فرائنگ پین میں کباب تل رہی تھی۔ آملیٹ اور کباب کی خوشبو پھیلی ہوئی تھی۔ زبیر اس کی کرسی پر دونوں ہاتھ رکھے آگے کو جھکا ہوا تھا۔ ساری طرف اندھیرا تھا اور ہری لان میں سے بردی اوپر کی طرف اٹھ رہی تھی۔ یام کے گملے یوں نظر آرہے تھے جیسے چھوٹے چھوٹے بچے دم سادھ

سیڑھیوں پر بیٹھے ہوں اور ان بچوں کی آڑ میں وہ کرسی پر نیچے کی طرف جھکتی جا رہی تھی۔
"دیکھ زارا! دائیں اور بائیں جانب ایک ایک الوداعی بوسہ ۔۔۔ اور بس!"
"ارے نیک بخت! تجھے چونا ہی ہے تو خود چوم لے۔" اس نے جی میں کہا ۔۔۔ لیکن وہ جھکا آرہا تھا اور بیس فٹ کے فاصلے پر سعیدہ با درچی خانے میں کباب تل رہی تھی۔ وہی کباب جو سینما سے واپسی پر وہ لاتے تھے۔
زبیرک را جپوتی مونچھیں اس کے بہت قریب ہو گئیں:
"مجھے چوم لو ورنہ پچھتاؤ گی ۔۔۔ بہت!"
زارا نے جلدی سے اس کے گالوں کو دونوں طرف چوم لیا اور دھکا دیتی ہوئی کھڑی ہو گئی جیسے کوئی بلا ٹالی ہو۔ اس طریقے سے استقبال کے وقت اطالوی لوگ ایک دوسرے کو چومتے ہیں ۔۔۔ لیکن اب رات کے اندھیرے میں جب اس واقعہ کو چار گھنٹے پیچھے تھے اسے اپنی اس حرکت پر نفرت آرہی تھی۔ کبھی وہ سونے والی گولیاں اٹھا کے کمرے میں سے چرا کر لانے کے متعلق سوچتی، کبھی سوچتی کہ تیسری منزل سے کود جاؤں اور اس جھگڑے سے نجات پاؤں جس میں خواہ مخواہ مجھے محبت کرنے پر مجبور کیا جا رہا ہے ۔۔۔ خواہ مخواہ ہاں۔
ابھی چند دن ہوئے جب وہ سعیدہ کے ہاں گئی تھی تو زبیرنے اسے مرد بنانے پر مجبور کر دیا تھا ۔۔۔ کوئی کھیل ہے ۔۔۔ کوئی مذاق ہے ہاں! وہ چوری چوری اٹھی اور کاغذ پنسل اٹھا کر مسلمانے کی طرف چل دی۔ زرّیں نے ایک کروٹ لی اور مسلمانے کی طرف پشت موڑ لی۔ اندر سفید کمود کا ڈھکنا بند کر کے وہ ڈھکنے پر بیٹھ گئی۔ کتنا غیر روحانی انداز تھا پہلا عشقیہ خط لکھنے کا ۔۔۔ کس قدر ان رومانک!
اس نے سفید سنک کے اوپر لگے ہوئے شیشے میں جھانکا۔ وہ اس وقت چڑھی ہوئی بلی لگ رہی تھی۔ جلدی جلدی اس نے خط لکھنا شروع کیا۔ آدھ گھنٹہ گزر گیا۔ کئی مضمے بھر گئے۔ یہ خط اس نے پھاڑ دئیے لیکن ایک سارے مسلمانے میں ایسی کوئی جگہ نظر نہ آئی جس میں وہ

یہ ٹکڑے پھینک سکتی۔ اس نے ٹکڑے کھڑکی کھول کر باہر پھینک دیے۔ دوسرے لمحے اسے یہ اندیشہ لاحق ہو گیا کہ اگر کسی نے صبح یہ پرزے اٹھا لیے تو ؟ لیکن اب تو کاغذ کے ٹکڑے باہر تھے اور آہستہ آہستہ ہوا بھی چل رہی تھی۔ وہ دوبارہ کمرے میں بیٹھ گئی اور اس بار سہ حرفی خط لکھ کر لفافے میں بند کر دیا۔

سنیئے زبیر صاحب!
آپ خدا لحاظ نے اپنے آپ کو کیا سمجھتے ہیں۔ بہتری اسی میں ہے کہ آئندہ آپ مجھ سے کسی قسم کا تعلق نہ رکھیں ورنہ میں ابا سے آپ کی شکایت کر دوں گی۔

زارا"

اس کے خط کا کوئی جواب نہ آیا۔

عصمت اسی طرح چپ چاپ لیٹی غار میں پڑی جاتی تھی اور کوارٹرلی امتحان میں فیل ہو چکی تھی۔ اس کے چہرے پر عجیب سی زردی چھائی رہتی۔ کئی راتوں کی بے خوابی نے سارا لہو چوس لیا تھا۔ اب اسے کئی بار دو دو گھنٹے تپل پر کھڑا رہنا پڑتا لیکن مختار نہ آتا۔

زارا اسے سمجھاتی کہ "ہو سکتا ہے کہ ناخن مسلے جو دو لہا پہلے ایسے نخرے دکھاتا ہے وہ بھلا بعد میں کب جینے دے گا۔ ساری عمر تیری طرف بیٹھ کر کے سوچے گا اور تُو اسی کی پیٹھ سے لگی اپنے مقدر کو روتی رہے گی "۔

اور جب یہ مشورہ دے کر وہ کالج سے لوٹی تو نادانستہ طور پر اس کے قدم پوسٹ بکس کے قریب آہستہ ہو کر رک جاتے۔ وہ لکڑی کا پٹ کھول کر دیکھتی۔ تنہی سی مرداد چھکلی اپک کر ڈبکی چٹ سے لگ جاتی اور بس!___ پھر آہستہ آہستہ بر آمدے کے کھسک آتی___میز میں پر کتابیں رکھ کر وہ اور ستون کے موکھے کی طرف دیکھتی ___ "کیا گھر بسا لیا ہے چڑے اور چڑیا نے؟

چنڈے میاں اب بھی اٹھتے اور چڑ پڑا کر بچوں کی تربیت کے سو سو اصول سمجھاتے۔ لیکن ۔۔۔۔ لیکن خدا نہیں آتا رسا پور سے۔ آخر کیوں؟

اس کے چہرے پر بھی زردی نے دھاوا بول دیا تھا اور بال بھی بھٹکے ہوگانے لگے تھے۔ کوئی کہتا لڑکی کی پیدا ہو گئی ہے۔ کوئی کہتا پڑھتی زیادہ ہے۔ اماں نے اسے شبلہ اور زرنب کے کرسے نکال کر لائبریری کے ساتھ دلاکرہ عطا کر دیا تھا ۔۔۔۔۔ لیکن وہ سوچتی رہتی کہ آخر خدا کیوں نہیں آتا۔ کیا ایسا ہی بے دفا نکلا یا مرف ظلرٹ کر رہا تھا، ظلرٹ : ہولے ہولے کھیے کھیے۔ رومال بھگتے اور وہ بے خوابی کے مارے ادھر سے ادھر کروٹیں بدلتی رہ جاتی۔

"کون؟"

"سعیدہ ہوں زارا۔"

"کہو کیا حال ہے؟"

"زارا! میں آج کالج نہیں جاؤں گی، بھائی زبیر آئے ہیں":

"کون؟" حالانکہ اس کے الگ الگ نے یہ نام سن لیا تھا۔

"ہائے اللہ آہستہ بولو ۔۔۔ کوئی ٹرنک کال ہے کیا۔ بھائی زبیر آئے ہیں": سعیدہ دوسری طرف سے بولی "میں کالج نہیں جاؤں گی۔ اپنی طرف سے میری درخواست دے دینا۔"

"اچھا!"

پھر وہ بھی کالج نہ گئی۔

سارا دن ڈرائنگ روم میں بیٹھ کر پڑھتی رہی۔ اماں نے اسے کھانے کے لیے بلایا۔ لیکن وہ نہ گئی۔ چڑیوں کا جوڑا اندر سے نظر آتا تھا اور وہ ایک ایک چون نگاہ دو قدم دور تھا۔ سارا دن فون نہ آیا اور رات کو وہ بلامقصد سعیدہ سے ملنے چلی گئی۔

گرم نیلی دردی میں سیاہ پنجے پینے چھوٹے سے قد کا سانولا.....انیولاسا آدمی بیٹھا
ہواتھا۔اس کی شکل کتنی معمولی تھی۔اس معمولی صورت پر ٹیکسی ٹیکسی را اسپوتنی کی چھینیں بڑی اجنبی
لگ رہی تھیں اور دامیں ہاتھ پر زیادہ سگریٹ نوشی سے گہرے زرد دہبے پڑے ہوئے
تھے جو سانولے ہاتھ پر اور بھی بد نما لگتے تھے۔
زبیر نے اسے دیکھ کر چہرہ نہ اٹھایا۔
"ارے زبیر بھائی! جیتا آئی ہے": سعیدہ نے اسے متوجہ کیا۔
"کون جیتا؟" اس نے اخبار سے یوں لاپروائی سے سراٹھایا گویا سامنے اردلی کھڑا
ہو۔
"مائے زلا ----- بھائی" سعیدہ بولی۔
"ہیلو --- کیا حال ہے آپ کا؟"
"ٹھیک ہوں جی: وہ منمنائی۔"

ٹھوڑی دیر کو اس نے زارا کی طرف دیکھا اور پھر سگریٹ پینے میں معروف ہو گیا۔اس کی
بہنیں زرّیں اور شہبازہ اپنی سہیلیوں کے ساتھ باہر گراؤنڈ میں کھیل رہی تھیں۔ اندر شام
کا چھٹ پڑاتھا۔ریڈیو گرام،ایرانی قالین،چینی کے چھوٹے چھوٹے مجسمے،بلوریں پھولدان،
سب اندھیرے میں ڈوبے تھے۔ ٹرالی پر چائے کے باسی برتن اب بےنور تھے۔ مونچاندی
کی کیتلی، دودھ دان اور چینی دان اس مدھم سی دوشنی میں بھی پالش کی طرح دمک رہے
تھے۔ وہ اسی طرح اخبار پڑھے جا رہا تھا۔اس نے ایک دفعہ بھی سراٹھا کر نہ دیکھا اور زارا
کو آئے پورے دو گھنٹے ہو چکے تھے۔

بڑی دیر کے بعد زارا نے آہستہ سے کہا:
"بتّی جلا دوں؟"
"جلا لیجیے اگر آپ کو ضرورت ہو": جواب ملا۔

ذرا نے چتی نہ جلائی۔
سعیدہ اپنے کمرے میں نماز پڑھنے گئی ہوئی تھی۔ اگر وہ چاہتی تو وہ بھی نماز پڑھنے جا
سکتی تھی لیکن ـــــــ خدا جانے وہ کیوں نہ گئی۔
پھر اس نے خود سے پوچھا:
"آپ کو میرا خط مل گیا تھا؟"
"جی ـــــ آپ کا خط؛ شیڈر مل گیا تھا۔ سالار سالا پور میں مجھے کون نہیں جانتا؟
شیطان کی طرح مشہور ہوں صاحب!"
وہ پھر اخبار کے پیچھے غائب ہو گیا۔
اخبار نہ ہو اموٹی ڈھال ہو گئی لڑائی کی۔
"اور آپ نے جواب نہیں دیا؟"
اس بار را جھوٹی ہو نخیں؛ ذرا جھنجھلاہٹ میں آئی اور مسکراہٹ بن کر لبوں پر پھیل گئی:
"آپ نے خود ہی لا تعلقی کا آرڈر دیا تھا ورنہ ہم بچلروں کے لیے تو خط لکھنا بہترین
پاس ٹائم ہے۔"
"پاس ٹائم؟" وہ انٹر بیٹھی۔
زبیر پھر اخبار پڑھنے میں معروف ہو گیا۔
"آپ مجھے سمجھتے کیا ہیں؟"
بڑی سادگی سے زبیر بولا: "بے نالو لو بر وحیدا!"
"بہت خوب۔ سمجھتے ہیں؟"
وہ انٹ کر چلی گئی لیکن زبیر نے اخبار سے نگاہ اٹھا کر بھی اس کی طرف نہ دیکھا۔
عصمت کے چہرے پر اتنے سارے آنسوؤں لکے دبے تھے، بالکل ایسے جیسے اس کے
روشن دان پر مٹی اور بارش کے چھینٹوں سے نقشے بنے ہوئے تھے۔ اب آنسو خشک ہو چکے

تھے اور اس کی رندھی ہوئی آواز بھی نارمل ہو گئی تھی لیکن چہرے پر بڑے کرب کی کیفیت تھی۔ وہ کہتی گئی:

"میں نے مختار کے لیے کیا نہیں کیا ذرا۔ اماں کی مار کھائی۔ ابا نے گولی مارنے کی دھمکی دی لیکن میں باز نہیں آئی۔ جب کبھی مجھے موقع ملا میں اس سے ملنے گئی ۔۔۔۔۔ اور میں ہی بے غیرت تھی کہ ۔۔۔۔ کہ میں نے خود ہی اس سے کہا 'مختار! اگر تم چاہو تو ۔۔۔۔۔ تو ہم دونوں کراچی چل دیں۔ یہاں سے، پلیٹ فارم سے چپکے سے روانہ ہو جائیں اور کسی کو ہمارا علم نہ ہو گا لیکن اسے میری پرواہ ہی کب تھی ۔۔۔۔۔"

پھر ایک سسکی اس کے سینے کو چاہتی نکلی ۔۔ کسی دھول بھری ویران راہ پر ہوا کا جھونکا۔

"میں نے مختار کی محبت میں ۔۔۔۔۔ ہائے ۔۔۔۔۔ اور کہنے لگا عاقل سے بیاہ کر لو۔ اسی میں ہماری بہتری ہے۔ خدا نے چاہا تو شادی کے بعد میں تم سے ملتا رہوں گا ۔۔۔ ذرا تم سوچو تو ۔۔۔۔ ہائے اللہ ۔۔۔"

زارا نے تہرڈ ایئر کی کتابیں لان پر پھینک دیں اور عصمت کے چہرے سے اس کے ہاتھ اتارتے ہوئے کہا:

"چلو اچھا ہی ہوا ہے کہ ایسا بد بخت تمہارے پیچھے سے ہٹ گیا۔ ایسے شوہر سے بھلا کیا سکھ ملتا؟"

"میں تو رو رہی ہوں کہ ۔۔۔۔ کہ ایسے آدمی کے لیے کتنی بے غیرت بنی ۔۔۔ تو بہ!"

پہلے آنسوؤں کا دھارا تیزی سے بہا پھر سسکیوں کی شکل اختیار کی اور آخر میں بند بند ہچکیاں سی رہ گئیں۔

زارا نے فیصلہ کر لیا کہ اب زہیر کی صورت بھی نہ دیکھے گی۔

چڑیا کا ایک گنبھا سا نازک بچہ فرش پر گر گیا تھا اور وہ اس کے اردگرد منڈلا رہی تھی ۔۔

زارا نے بچے کو اپنی تسلی پر اٹھایا تو اسے غضب گرگدی سی محسوس ہوئی۔ بچہ فوراً اس کے ہاتھ سے نیچے گر گیا۔ گھونسلے میں سے چند گونگے بچوں نے گردنیں نکالیں اور بڑے حد فراغت سے چوں چوں کرنے لگے۔ چڑیا اور چڑا اس تیزی سے نیچے کی طرف اترے کہ میں درمیان میں پہنچ کر ایک دوسرے سے بھڑے اور دور دور بھاگ گئے۔ اب دق کے مریض سے مشابہ بچے کو اس نے پھر اپنے ہاتھ میں اٹھایا اور میز پر چڑھ گئی۔ میز کے اوپر بازو دوں والی کرسی دھری۔ اسے دونوں طرف سے زرّیں اور شہلا نے پکڑ رکھا تھا۔ وہ پیر ٹولتی اور پر چڑھی اور بہم گھونسلے میں دھر کر اتنے لگی تو چڑیا اس کے کندھے پر ا بیٹھی جیسے اس کا شکریہ ادا کر رہی ہو ۔۔۔۔۔ اندرون کی گھنٹی متواتر بج رہی تھی۔ زرّیں فون اٹھانے کے لیے چلی تو وہ کرسی سے کود کر بولی:

'ٹھہرو! میرا فون ہے'':

'ہیلو۔۔۔!'

'جی میں ۔۔۔'

'ہیلو میں زبیر ہوں؟'

'کب آئے آپ؟'

'زبیر اور موت کا کچھ پتہ نہیں۔ جب چاہیں آ سکتے ہیں'':

'اور خیریت ہے؟'

'ٹھیک ہوں ۔۔۔ تم کب ملو گی؟'

'ناممکن ہے ۔۔۔ یہاں سے کالج اور کالج سے گھر'' وہ آہستہ سے بولی۔

'تین بجے کالج کے گیٹ پر میری موٹر سائیکل ہوگی؟'

'ناممکن ہے۔ میرے ساتھ سعیدہ بھی باہر نکلتی ہے'۔ اس کی نظریں باہر جمی تھیں۔ جہاں اس کی بہنیں کرسی پر چڑھی گھونسلہ دیکھ رہی تھیں۔

"تم پندرہ منٹ پہلے باہر نکلتا — بس!"
"سنیے تو۔"
"میں کچھ نہیں سن سکتا۔" آواز آئی۔
"ذرا —"
اُدھر سے فون بند ہو گیا۔
زارا کو محسوس ہوا وہ اپنے گھونسلے سے نیچے گر گئی ہے اور اس کے ابا اور امی! دھر اُدھر پریشان ڈول رہے ہیں۔

موٹر سائیکل کی پچھلی سیٹ پر بیٹھی کر اسے محسوس ہوا کہ ہوا کے دوش پر اڑ رہی ہے۔ اپنا بے غیرت حصہ وہ پھاٹک پر ہی چھوڑ آئی تھی اور اب اس کا دایاں گال کر دی کی چبھن محسوس کر رہا تھا۔ وہ نہر کی سڑک کے ساتھ بڑی رفتار سے رواں دواں ہوئے۔

جاتی سردیوں کی خشکی فضا میں اتر رہی تھی۔ اس کی آنکھوں کو نہر کا پانی ٹھنڈا محسوس ہو رہا تھا۔ آگے چل کر زبیر نے موٹر سائیکل اچانک روک لی اور آگے بڑھ کر اسے اتار لیا۔ سڑک سنسان تھی لیکن زارا کا جی ڈر رہا تھا۔

"یہاں کیوں رک گئے ہیں آپ؟"
"ذرا ٹہلیں گے۔"
"آپ نے تو وعدہ کیا تھا کہ اپنے گھر لے چلیں گے۔"
"ایسے وعدے فضول ہوتے ہیں، بلکہ تمہیں اب تک سمجھنا چاہیے تھا!"
"لیکن اگر ادھر سے میرے ابا گزر رہے تو؟"
"تو وہ کل ہماری شادی کر دینے پر اصرار کریں گے۔"
زارا کا چہرہ تمتما اٹھا۔
"میری تو منگنی ہو چکی ہے۔" زارا نے آہستہ سے جھوٹ بولا۔

"پھر تو اور بھی اچھا ہے۔ شوہر سے محبت بھی کیسے ہو سکتی ہے؟ خانگی فضاؤں تو رومان کا دم گھٹ جاتا ہے۔"

اب زارا کو غصہ آ گیا۔ وہ موٹر سائیکل کی طرف پلٹتے ہوئے بولی:
"مجھے کالج تک چھوڑ آئیے۔"

"پلیز؟"

بڑے مؤدبانہ انداز میں جھک کر اس نے سیلوٹ کیا اور پھر سامنے والی سیٹ پر آ بیٹھا۔ ایک جانب چھوٹے چھوٹے پودے نہر کا پانی اور سبز گھاس کی پٹڑی تیزی سے پیچھے کی طرف بھاگنے لگیں۔

جب وہ ہوٹل تک پہنچے تو ان کی پھر صلح ہو چکی تھی۔
زبیر نے کمرے کے تالے کو کھولا اور ایک طرف کھڑا ہو گیا۔
زارا کا دل ایک لمحت زور سے اچھلا۔ اسے کسی نے کنوئیں میں چھلانگ لگانے کو کہا تھا۔ پردہ آگے بڑھ گئی۔ اس کی نظروں میں زرّیں اور شبانہ کی شکلیں گھومیں۔ ان کی ابھی شادیاں ہونا تھیں۔ اگر ۔۔۔ اگر ۔۔۔؟
تو پھر ان سے شادی کون کرے گا؟
اماں کے ماتھے پر کلنک کا یہ بڑا سا ٹیکہ لگ جائے گا۔

اس کے بہن بھائی بڑی فراغت سے گھونسلے میں چوں چوں کرنے لگے اور ۔۔۔۔۔
ہوٹل کے کمرے میں گھٹن اور باسی پن کی باس۔ سامنے وارڈ روب کے دونوں پٹ کھلے تھے اور اوپر کے تختے پر سے اخبار کا کاغذ لٹک رہا تھا۔ ڈریسنگ ٹیبل پر کسی عورت کے بالوں کی پنیں پڑی تھیں۔ زارا نے آگے بڑھ کر یہ پنیں دراز میں بند کر دیں اور کمرے کی سلائڈنگ کھڑکیاں بند ہو گئیں۔

پیچھے بڑی احتیاط سے زبیر نے دروازہ بند کیا اور پھر چابی قفل میں گھومی ۔۔۔۔

زارا نے لپک کر بھاگ جانا چاہا۔ اس نے جی میں سوچا کہ بھلا میں نے سٹیشن پر جانے کی کیوں نہ سوچی ۔۔ ہم بھی دہاں لائٹوں پر آتی جاتی ٹرینوں کو دیکھتے اور پھر سٹیشی سے باہر نکل کر وہ پلیٹ فارم کا ٹکٹ پھاڑتی اور گھر واپس آ جاتی عصمت کی طرح ۔۔۔۔ وہاں سے بھاگنے کی راہ تو ہوتی۔ بڑی دلیری سے اس نے کہا:

"یہ جگہ اچھی نہیں ۔۔۔ اور امی وہاں دیکھ رہی ہوں گی"۔

زبیر نے اپنی ٹوپی ڈریسنگ ٹیبل پر رکھ دی اور اس کے قریب آ گیا۔ وہ دو قدم پیچھے ہٹ گئی۔

زبیر کے بازو بھرے بازو آگے بڑھے اور اس نے زارا کو اپنی گرفت میں لے لیا۔

"چھوڑیئے زبیر صاحب ۔۔"

"ڈرتی ہو:

"مجھے گھر لے چلیے ۔۔ پلیز زبیر! مجھے گھر لے چلیے":

"یہ تمہیں پہلے سوچنا چاہیے تھا":

"میں آپ کو شریف آدمی سمجھتی تھی:

اب زبیر کا منہ اس کے جسم کو جگہ بے جگہ چوم رہا تھا۔

"میں شریف آدمی ہوں"۔

"بس آپ مجھے گھر لے چلیے":

"کیوں ۔۔۔"

"میری منگنی ہو چکی ہے زبیر صاحب!"

"منگنی ہو چکی ہے تو پھر بھی میں تمہیں حاصل کر دوں گا ۔۔۔۔ چاہے ایک گھنٹے کے لیے ہی کیوں نہ ہو":

پورے ہاتھ کا تھپڑ اس نے زبیر کے منہ پر مارا۔ اور اسی لمحے اسے احساس ہوا کہ یہی اس کی غلطی تھی۔ زبیر جیسے آدمی کو غصہ دلانا بڑی حماقت تھی ۔۔۔ وہ بھپرے ہوئے شیر کی مانند اس کی طرف لپک کر آیا اور ایک ہی ریلے میں اسے بہا کر لے گیا۔ وہ پلنگ پر اوندھی لیٹی تھی اور اس کے رخساروں پر آنسوؤں کا بادل سا چھایا ہوا۔

"سنو ۔۔۔ سنو زارا! ۔۔ میں تم سے شادی کروں گا ۔۔ میں اور تم اکٹھے رہیں گے ۔۔ !"

گھونسلے سے گری ہوئی چڑیا چلّائی ۔۔۔۔ " اب تو مجھے گھر چھوڑ آئیے"۔

آنسو اس کے حلق میں گر رہے تھے اور زارا کو اس وقت خدا جانے کیوں وہ پنیں یاد آ رہی تھیں جو درازوں میں پڑی تھیں۔ خدا جانے وہ عورت کتنی جلدی میں یہاں سے بھگ گئی ہو گی کہ پنیں اٹھانی یاد نہیں ہوں گی؟

جانے وہ اپنی تباہی سے بھی کچی کرنہیں؟

اسے کالج گئے ہوئے پورے دو مہینے ہو چکے تھے۔ اماں پوچھ کر ہار گئیں لیکن اس نے بس ایک ہی جواب دیا:

"اماں! میں اب نہیں پڑھوں گی ۔۔۔ بس!"

زبیر نے کئی مرتبہ فون کیا لیکن ہر بار وہ چونگا نیچے دھر دیتی۔ اس کے جی میں اپنی بے غیرتی کے خلاف اتنے سمندر موجزن تھے کہ سارا سارا دن بستر میں لیٹی طوفان بہایا کرتی۔ پھر دو بار زبیر سعیدہ کو لے کر ان کے گھر آیا لیکن اس نے سعیدہ سے بات تک نہ کی ۔ اور جب چڑیا اپنے بچوں کو واڑا نہیں بھرنے کی تڑ کیمیں سکھا رہی تھی تب اس کی منگنی ہو گئی ۔

پہلے تو پون گھنٹہ فون کی گھنٹی بجتی رہی۔ . . . . .

زرّیں اور شبانہ سکول جا چکی تھیں اور اماں باورچی خانے میں تھیں ـــ پھر اس نے فون اٹھا کر نیچے دھر دیا اور دیوان پر لیٹی رہی۔ وہ سوچ رہی تھی کہ عصمت عاتل کے ساتھ اب تو خوش ہو گی نا! ؟ ـــ اس مسرت میں بھلا کون سی چیز مانع ہو سکتی ہے ؟ ـــ کم از کم اس کا ضمیر تو اسے دن رات ملامت نہ کرتا ہو گا ۔ اتنا عرصہ گزر جانے کے باوجود ابھی بھی اس کی الماری میں ہوٹل کا کمرہ، وارڈ روب میں سے لٹکتا ہوا اخبار اور دراز میں بند لمبی لمبی پنیں گمم رہی تھیں۔

خدا بھلا نے زبیر کہاں تھا؟

وہ کتنی جلدی قریب آئے۔ سالوں کی منزلیں لمحوں میں گزار دیں اور پھر ستاروں کی طرح بچھڑ گئے۔ کبھی اس جدائی کا تعلق اسے بھڑکا تا ابن کو ڈستا اور کبھی تو وہ مکمل طور پر انتقام کا جذبہ بن کر شمع سی جلنے لگتی کم از کم ایک بار زبیر اس کے ابا سے شادی کی درخواست کر سکتا تھا۔ کم از کم وہ چھوٹی سی کوشش کسی مثبت رنگ کی کرتا تو شاید دعا سے معاف بھی کر دیتی لیکن دکھ تو یہی تھا کہ زبیر نے کبھی بھی اسے اپنا دلمن نہیں سمجھا۔

چھوٹی چھوٹی راجپوتی مونچھیں اور سانولا چہرہ!

"بھلا اسے کس بات پر مان تھا؟"

اماں کمرے میں آئیں اور اسوں نے جو ٹکڑا پھر واپس دھر دیا۔

"بازار چلو گی زارا؟" اماں نے پوچھا۔

"کیوں اماں ای؟"

"تمھارے بننی جوڑے پر کام کروانا ہے اسے دے آئیں"۔

"آپ چلی جائیں ای"۔

فون کی گھنٹی پھر بجنے لگی۔

باہر ایک پرندیا کا بچہ لمبی سی اڑان بھر کر پھر زمین پر آ رہا۔

اماں نے فون اٹھایا۔
"ہیلو ---- !"
"جی میں مسز مسعود ۔۔۔۔"
"اچھا سعیدہ ہے ---- کیا ---- ہ کیا تمہارا بھائی زبیر احمد ---- ؟ نہیں میں نے تو نہیں دیکھا ----"
دھاڑ مار کر بیٹھ گئی
"کیسے ---- کیسے بیٹا ---- توبہ توبہ! بخدا دل بیٹھ گیا ---- لاش کب آرہی ہے؟"
"آج ہی ----"
"میں ابھی آؤں گی ---- ابھی ----"
اس نے اخبار اٹھایا۔
دہی را جی چوٹی موٹی چھنیں ---- دہی مسکراہٹ۔
"بے چارہ مر گیا۔ جہاز بند ہو گیا اور مر گیا ---- نجات مل گئی اسے جلتے پچتے دل میں۔"
"خدا جانے کہاں تک دھنس گیا ہوگا؟"
"کیوں مر گیا زبیر ---- کیسے مر گیا اتنا جاندار شخص؟"
"لوگ کیسے مر جاتے ہیں ---- انہیں موت نہیں آتی جو اس کی آس کرتے ہیں اور وہ اپنی بلندیوں سے جاگرتے ہیں جنہیں اپنی بانہہ بل پر ناز ہوتا ہے ---- یہ کیسی انہونی سی بات تھی ---- زبیر احمد ڈیڈ۔ زبیر احمد"
وہ سعیدہ کے گھر سے لوٹ کر اپنے برآمدے میں بیٹھی تھی۔ اُدھر مورکھے سے چڑیاں اڑ کر جا چکی تھیں۔ گھونسلہ خالی تھا۔ فون کی گھنٹی خدا جانے اب کس لیے بج رہی تھی۔ اس نے اپنے گھٹنوں پر سر رکھ لیا ---- اگر سعیدہ مجھے یہ خط پہلے دے دیتی تو شاید زبیر نہ مرتا؟ ---- اور اگر زبیر نہ مرتا تو شاید زندگی کے کسی موڑ پر میں اسے معاف کر دیتی۔ اس نے اپنا پرس کھولا

اور ایک بوسیدہ خط نکالا ۔۔۔ لکھا تھا :

"زارا ! میری جان ۔۔۔!

تم مجھ سے ناراض ہو۔ تمہیں میری نیت پر شبہ ہے۔ میں تمہیں کیسے یقین دلاؤں کہ میں تمہارا ہوں۔ تم مجھے سمجھ نہیں پائیں ۔۔۔ جینا!۔۔۔ تم بہت خوبصورت ہو اور میں بچپن سے احساس کمتری کا شکار رہا ہوں میں نے تمہارے سگر دہر طرح کی فصیل کمزوری کرنی چاہی ۔۔۔ جسمانی اور ذہنی کہ تم بھاگ کر کہیں نہ جا سکو لیکن مجھے ان فیصلوں پر اعتماد نہ رہا۔ تم سمجھتی ہو کہ میں نے تمہیں اپنی ہوس کا شکار بنانا چاہا ہے لیکن یہ غلط ہے۔ یہ ایک اور فصیل تھی ۔۔۔ زارا! ایک کمزور آدمی ایک خوبصورت عورت کو جکڑنے کے لیے سب کچھ کرتا ہے۔

یقین جاننا زارا۔ اس ہوٹل والے واقعے سے پہلے میں بھی کنوارا تھا۔ اب میری شادی ہو گئی ہے۔ اگر تم مجھے اجازت دو تو میں تمہارے والدین کے قدم چوم کر کہوں گا کہ زارا کو مجھے دے دیں۔ میں انہیں منوا بھی لوں گا لیکن ایک تمہاری اجازت کی ضرورت ہے۔

اگر تم نے ۔۔۔ اگر تم نے مجھے معاف نہ کیا تو کسی دن فضا میں جہاز لے جاؤں گا۔ اور پھر اس جہاز پر میری لاش اترے گی۔ خدا کرے جب میری لاش اترے تو تمہاری گود میں میرا بچہ کھیلتا ہو ۔۔۔ میں تمہیں اس سے بڑی بد دعا نہیں دے سکتا۔

تیرا ۔۔۔ نبیر"

فضا میں ایک سفری جہاز بڑی گھمن گرج کے ساتھ گزر گیا۔
زارا نے خط اپنے پرس میں رکھ لیا اور موکھے کی طرف دیکھنے لگی۔

چڑیا کا گھرانا کب کا رخصت ہو چکا تھا اور اب وہاں سنکوں کے سوا کچھ نہ تھا۔ زارا نے گھٹنوں پر سر رکھ لیا اور اپنے جی میں کہا:

"آہ زبیر! کاش میری گود میں تیرا ہی بچہ کھیل سکتا۔ افسوس تو یہی ہے کہ تیری یہ مراد بھی پوری نہ ہو ئی:"

وہ پہلا پتھر جو اس نے عصمت کو مارا تھا ا گ تم پھر کر اسی کے ماتھے کو لگا تھا۔

خود شناس

دو گلیاں نیچے، امام بارگاہ تھا۔۔۔۔ لیکن شام غریباں کی ملی جلی آوازیں دوسری منزل پر ایسے آرہی تھیں جیسے برسات میں سیل بحر انگیر زور و شور سے بڑھ رہا ہو ۔۔۔۔۔ سسکیاں آ ئیں ، آنسو شام کی اندھی روشنی میں نہ جانے کس ہوائی پالکی پر سوار چلے آ رہے تھے ۔ کچھ دیر پہلے جب حضرت امام حسینؓ کا گہوارا اس کی گلی کے سامنے سے گزرا اور سیاہ ماتمی لباس میں ملبوس ماتم کنان ساتھ ساتھ امام بارگے کی جانب رخصت ہوئے تو اسے معلوم نہ تھا کہ وہ کیا کرنے والا ہے؟

ابراہیم کو عام طور پر خود اپنے فیصلوں کا علم نہ ہوتا ۔ فیصلے اچانک اس پر حملہ آور ہوا کرتے۔۔۔۔ اتنے امیر کبیر گھرانے سے تعلق رکھنے کے باوصف اسے دوسروں پر زیں کہنے کا فن نہ آتا تھا ۔ وہ زیادہ گفتگو سے پرہیز کرتا ، چوں کہ وہ چاندی کے چمچے کو منہ میں لے کر پیدا ہوا تھا اور اس دنیا میں آنے سے کسی طور پر بھی شرمندہ نہ تھا ۔ اس لیے کسی کا زیر بار ہونا تو الگ بات تھی ، وہ تو کسی اور میں بھی حسن طلب دیکھ کر ہی کپکپا اٹھتا اور ایسے انتظام سے دوسرے کی حاجت پوری کرتا کہ مدد لینے والا احسان کے احساس سے بھی بوجھل نہ ہونے پاتا ۔

لیکن اس کے گھرانے کی کچھ اور طرح کی زندگی تھی ۔ دادی اماں سے لے کر چھوٹے منے

یکھ، یہ لوگ دوسروں کی زندگیوں سے کیلئے آئے تھے۔ان کی سات پڑھیاں اس گلی میں ، اس گلی سے منسلک دوسری گلیوں میں بڑی ہمہ گیر قسم کی رشتہ گیریاں کر چکی تھیں۔ ان سب کے سروں پر مور مکتے تھے۔ یہ لوگ اور ان کی موروثی دھاک کے سامنے ملے کتے تمام باسی موری کے کیڑے تھے۔

آہستہ آہستہ ابراہیم سمجھ گیا تھا کہ مشرق میں خاندان کا تصور کچھ محبت ، اخوت اور فرد پرستی کے لیے پیدا نہیں ہوا ہو گا بلکہ خاندان محض سامجی مزدوری کے سخت علاقتوں اور سیسہ پلائی دیوار کی طرح جپنتے ہوں گے کہ دوسروں کو ان سے سر پھوڑنے کا موقع ملے۔ انفرادی قوت کی جگہ مجموعی قوت کے ساتھ ہر سر اٹھانے والے کا مستک توڑا جا سکے۔ اپنے خاندان کی طاقت سے دوسرے خاندانوں کو بلیا میٹ کرنے کی اجازت ہو ۔۔۔۔۔ ابھی وہ دوسویں میں تھا کہ اسے یہ بھی سمجھ آ گئی تھی کہ مشرق میں خاندان اور خاندانی نجابت کا سسٹ سسٹم ہی کا دوسرا نام ہے۔

اس کا باپ ساری زندگی آدرشوں کا شکار رہا۔ اسے غریبوں سے ہمدردی تھی۔ اسے ملک کی حالت سنوارنے کا شوق تھا۔ وہ لوگوں کے لیے کچھ کر گزرنا چاہتا تھا لیکن ہر جگہ اس کی انا سامنے آ کھڑی ہوتی اور حزن و ملال کی کوئی لہر دھکا مار کر اسے گرا نہ سکتی ۔۔۔ اس کا باپ اپنے وجود کے ادراک سے پرے کبھی سوچ نہ سکا تھا۔ اس کی غذا ت مرکز تھی اور ساری کائنات ، معاشرہ ، دوسرے لوگ اس کی اپنی ذات کے حوالے سے تھے۔ اگر وہ تنہا تھا تو ہر شہری تنہا تھا۔ بوٹے اپتے ، سورج ، بارش کا ہر قطرہ تنہا تھا ۔ اگر وہ خوش تھا تو قوس قزح کے گرگماس کے سوکھے تنکے تک سب مسرور تھے۔ اپنی خود پرستی کے باوجود اس کا باپ ساری عمر آدرشوں کا شکار رہا ۔۔۔۔۔ صرف اسے یہ معلوم نہ ہو سکا کہ تمام آدرش اس نے دو مرد کو اپنے میں کمتر سمجھنے کے لیے بنار کھے تھے ۔۔۔۔۔ آدرشوں کا ہنٹر ہاتھ میں لے کر وہ دوسرے کر دہ لوگوں کو ان کی کم عقلی ، تصور دلی ، غریبی ، ناداری ، نا اہلی ، نا سمجھی کے الزامات دے مار ا

سکتا تھا۔ اس کے باپ نے کئی محنتیں چلائیں، کئی جلسے کیے ، کئی کمیٹیوں کو جنم دیا لیکن وہ ساری عمر یہ نہ جان سکا کہ جو آدمی ذات کے چکر میں محبوس ہو وہ آدرشوں کی پوجا تو کر سکتا ہے لیکن خود اپنا چکر توڑ کر آدرش کا حصہ نہیں بن سکتا۔

اس کی ماں رانی میناوتی نہیں تھی۔۔۔

اس کا باپ راجہ گوپی چند بھی نہیں تھا۔۔۔

راجہ گوپی چند جو بھرتری ہری کا بھانجا بتایا جاتا ہے۔۔۔ بھرتری ہری جو راجہ بکرمیت کا بڑا بھائی تھا۔۔۔ یہ اناکے چکر سے نکلے ہوئے ہمارا جے تھے۔۔۔ ان میں اتنا بدھ کی روح گھومتی تھی اور وہ دولت کا کرم بھوگ جو غریبی کے چکر سے بھی سخت ہوتا ہے ، توڑ کر اپنے آدرش سے ہم کنار ہو گئے تھے۔

جس وقت حضرت امام حسینؑ کا گھوڑا گلی میں سے گزرا، ابراہیم شہ نشین پر ایک ٹانگ دھرے بڑی معمول نظروں سے نیچے گلی میں دیکھ رہا تھا۔ سومنے کے زیور ات سے سجا خوبصورت گھوڑا، گھوڑے کی راسیں پکڑے نوجوان ، لہو رستے سینے ، آنکھوں میں شعلا بخشنے والا غم ، سب بچے بوڑھے جوان گلی سے گزر رہے تھے۔ اس نے کئی بار یہ جلوس دیکھا تھا لیکن اس میں کبھی شرکت نہ کی تھی۔ گلی کی ماتم کناں آوازیں اس کے کانوں میں رانی میناوتی کا بین بن کر آ رہی تھیں۔۔۔ رانی میناوتی جو بوڑھی ہو چکی تھی ، جس کی آنکھیں دھند لا گئی تھیں لیکن جب اس نے اپنے بیٹے گوپی چند کو سمندل کی چوکی پر بیٹھ کر اشنان کرتے دیکھا تو وہ خوفزدہ ہو گئی اور چلائی:

"اے میرے بیٹے! بات سن!! تیرا حسن دیکھ کر میں دن رات سوچ میں پڑی رہتی ہوں تیرے باپ کا حسن جل کر فنا ہو گیا۔ تو جوگ لے لے با مراد ہوگا ۔۔۔ یہ زمانہ یہ عالم خواب ہے جیسے جال کی شکل دے دی گئی ہے ۔۔ بیٹا! تو بھی جوگ بن جا۔۔۔ فیض فانی ہو جائے گا"

ساری حویلی میں ایسا نا ایک شخص بھی نہ تھا جو ابراہیم کو جوگ بنے دیتا لیکن اس کے اندر۔۔۔ کہیں بہت اندر اپنی ذات سے چھٹکارا پانے کی خواہش جنم لے رہی تھی۔ وہ بجھ

دولت کا کرم بجوگ توڑ کر نردان حاصل کرنا چاہتا تھا ۔۔۔۔ اپنے اندیشوں کا حصہ اور کیسے بنا جا سکتا ہے؟ اسی طرح ایک بار پہلے بھی اس نے سوچا تھا۔ تب وہ ابھی کالج میں پڑھتا تھا اور اپنے باپ کی تحریکوں کو اپنے کی نظر سے دیکھتا تھا ۔۔۔۔ ابھی اس نے او تحریکوں کمیٹیوں، جلسوں، میٹنگوں کے پیچھے اپنے باپ کی انا کا ہیٹر نہیں دیکھا تھا۔

وہ پچھلے صحن میں اپنے آباؤ اجداد میں سے دفن کسی ایک کی قبر پر بیٹھا صاحب اس نے سنتو جمعداری اور اس کے بچے کو دیکھا۔ ننگ دھڑنگ سیاہ بچہ دسمبر کی سردی میں ٹھنڈے فرش پر بیٹھا رو رہا تھا اور سنتو آنگن کے لکڑے میں نیلی نیپ لگا کر صحن دھونے میں مشغول تھی۔ جب بچے کی چیخ گگوگیر ہو جاتی تو سنتو جھاڑو چھوڑ کر آتی، جھولی میں ڈالے ہوئے مالٹے کی ایک پھانک نکالتی، بچے کو پکڑاتی اور واپس کام پر چلی جاتی ۔۔۔۔ کچھ تو بچے کو ایسی فریبی ماں پر غصہ تھا۔ کچھ ابھی وہ اپنے ہاتھوں سے ٹھیک طور پر کھانے جوگا نہ ہوا تھا۔ کچھ دیر تک تو دہ پھانک کو منہ میں ٹھونسنے کی ترکیب کرتا لیکن جب یہ ٹھونسے کا عمل اندر سنگی سے مذ ہو پاتا تو سنتو کا بالک پھر منہ کھول کر رونے لگتا۔ کچھ عرصہ یک تو ابراہیم بہ کرشن لیلا دیکھتا رہا۔ پھر جب ایک بار سنتو غسلخانے میں بالٹی لینے گئی تو اس نے اس موت سے سنے بچے کو اٹھا یا اور پڑکھوں کی قبر پر رومال بچھا کر اپنے پاس بٹھایا اور چھلغوزے سے چھیل چھیل کر کھلانے لگا۔ بچے نے شاید اس سے پہلے اتنی قد رو منزلت اس گھر میں کبھی نہ پائی تھی۔ وہ جب سے پیدا ہوا تھا اس گھر میں متواتر آر ہلتا اور ٹھنڈے فرشوں پر رو رو کر وقت گذارنے کا عادی تھا۔ ابراہیم کے پاس بھی بہلانے کے لیے کچھ اور چیز میسر دست نہ تھی۔ وہ احتیاط سے چھلغوزے سے چھیلتا اور بچے کے لعاب سے لتھڑے منہ میں ڈال دیتا ۔۔۔۔ پتہ نہیں یہ کھیل کب تک جاری رہتا لیکن اوپر والی منزل سے دادی اماں کی کڑک دار آواز آئی :

"ابراہیم ۔۔۔ !"

"جی دادی ماں!"
"ذرا اوپر آؤ:"
"جی میرے کالج کا ٹائم ہو گیا ہے:"
"بس ذرا دیر کے لیے ــ"
ابراہیم اوپر دادی کے کمرے میں گیا۔

دادی کا کمرہ ساری غریبی کا دارالخلافہ تھا۔ یہاں بڑے اہم فیصلے ہوتے تھے۔ یہاں قسمتیں، جائیدادیں، شادی بیاہ، دوستی دشمنی کے تمام ریکارڈ رکھے جاتے تھے۔ دادی بڑی پر وقار خاتون تھیں۔ اس نے اس عہد میں پانچ بہوؤں کو حویلی سے بچھڑنے نہیں دیا تھا۔ عقابی نظروں سے گھر کے تمام انتظامات پر غور کرتی رہتی تھی۔ اس انفاقی سرکشی کو بھی اس نے اوپر والی منزل سے تین وقت پر دیکھ لیا تھا اور دادی حصہ رسد بانٹنے میں ہمیشہ جلدی کرتی تھی۔ دادی کا مقولہ تھا کہ سنپولیا مار دو۔ سانپ آپ مر جائے گا۔ چھوٹی سی کوتاہی پر بڑا سا ڈھیلا مارو نا کہ چشمہ، ندی اور زندی تالاب نہ بنے۔

جب ابراہیم پورے تین گھنٹے دادی کے پلنگ پر بیٹھا رہا اور اس کے چار پیریڈ ضائع ہو گئے تو دو تیسرے ملک کے کسی ایسے ڈیلی گیٹ کی طرح اٹھا جس کی پیشی سپر پاور نڈ کے سامنے رہی ہو۔

"بیٹا ــــ! اکان کھول کر آخری بار سن لو ــــ خاندان کی عزت کوئی ایک پشت نہیں بنتی۔ کئی کئی پشتوں کا تربیہ جو تم لوگوں تک پہنچا ہے ــــ میں تمہیں اس قدر خود غرض نہیں ہونے دوں گی کہ پائی پائی جوڑی پونجی کو یوں برباد کرنے دوں ــــ تمہارا باپ کچھ کم غذا تی نہ تھا۔ ساری عمر لاکھوں خرچ کیا غریبوں پر ــــ کتنی گھرانے پال دیے۔ کتنی ٹکسیں چلائیں۔ کتنی کمیٹیاں بنائیں لیکن خاندانی وقار کو قائم رکھ کر ــــ کچھ اپنی روایات کو ملیامیٹ نہیں کیا۔ تمہاری عمر چھوٹی ہے۔ تمہیں معلوم نہیں کہ ان کمینوں کو اگر منہ لگایا جائے تو یہ سر پر آ بیٹھتے ہیں۔"

ابراہیم نے ابھی تازہ تازہ دینی کتابوں میں سے آخرت کا سبق حاصل کیا تھا۔ اس لیے وہ گڑ بڑا گیا۔ ویسے بھی وہ بحث کرنے کا عادی نہ تھا۔ اسے نہ کسی نکتۂ نظر سے شدید محبت تھی نہ ہی کسی خاص نظریے سے شدید قسم کی نفرت تھی۔ وہ پچھلی عمر میں ہی جان گیا تھا کہ انسانی کوشش کا ثمر تامتر میٹھا کبھی نہیں ہوتا۔ انسان جو کچھ بھی کرتا ہے اس میں آگے پل کر کئی رکاوٹیں، کئی ستم، کئی خامیاں خود بخود ہی کہیں سے پیدا ہو جاتی ہیں۔ پنا ؤ کے معاملے میں بنی نوع انسان کی قسمت ہی کچھ ایسی تھی۔ وہ ہر خوشی میں کہیں نہ کہیں تھوڑا غم بھی چن لیتے تھے اور ہر غم کے اندر ہی اندر کہیں نہ کہیں تھوڑی سی چھپی ہوئی خوشی بھی سمیٹ لیتے ہیں اس لیے اس نے دادی کے نکتۂ نظر پر اعتراض، بحث، کٹ حجتی کچھ بھی نہ کی اور اپنا ردیہ بدل لیا۔ اب وہ ساری حویلی میں ایک نئی سی مسکراہٹ لیے پھرتا پھرتا۔ کوئی بھی اسے گھر کے کسی کام روے میں مشغولیت پر آمادہ نہ کر سکا۔ وہ تیسری منزل پر رہتا اور اپنی کتابوں کے علاوہ کسی سے علاقہ نہ رکھتا۔ کبھی کبھی تھکن سے چور وہ باہر نکلتا اور شہ نشین پر ایک ٹانگ رکھ کر نیچے گلی کا منظر دیکھنے لگتا۔

اس شام بھی ہلکی ہلکی بارش ہوئی تھی اور بھیگی رات میں ماتم کناں لوگوں کی آواز یں پچھلی ڈھلوان گلی سے ہو کر شہ نشین تک آ رہی تھیں۔ اس اونچی ماڑی سے ارد گرد کا سارا محلہ خوبی نظر آتا تھا۔ گلی میں اینٹوں پر چھن تھی۔ کچھ بچے تھوڑی دیر پہلے خاک کا لفافہ، ہو بنگ پہل کے چھلکے اور چند باسی شنکر قندی بالی گلی میں پھینک کر جا چکے تھے۔ پھر گلی کی نکر پر ایک وہیل چیئر نظر آئی۔ اس کرسی میں ایک معذور لڑکی بیٹھی تھی اور اس سادھنی کو ایک میلی باسیں برس کا گہرا سانولا لڑکا دھکیلتا چلا آ رہا تھا۔ نو جوان مد قوق صورت تھا اور اس کے چہرے پر چیچک کے داغ تھے۔ شاید اس سے پہلے بھی اس نے کئی بار اس معذور لڑکی اور مد قوق نوجوان کو دیکھا تھا لیکن اس شام جب وہیل چیئر گلی کی پتھرائی پر بھیر توسے بار ابراہیم کو خیال آیا کہ شاید یہ لڑکی چل پھر نہیں سکتی۔ ابھی وہ نیلی بلو پرنٹ اور نیوی بو ٹولر کے کے متعلق کچھ واضح سوچ بھی نہ پایا تھا

کہ ڈھلوان، پھسلن اور چھکڑوں کی وجہ سے وہ بیل چیئر نے ایک لڑھکنی کھائی۔ لڑکی منہ کے بل گری اور وہ بیل چیئر اپنے مومنٹم سے بے بس الٹی سیدھی ہوتی نیچے کی طرف سرپٹ جانے لگی۔

جتنی سرعت سے کرسی نیچے جا رہی تھی اتنی تیز رفتاری سے ابراہیم نے سیڑھیاں اترنی شروع کر دیں۔ وہ موٹے کا آدمی تھا۔ زیادہ ٹیوے لگا سکے اس میں صلاحیت نہ تھی کسی کسی لمحے ہپانی کے سوا وا گت میں وہ ایسے لگ جاتا کہ پچھلی سوچ سے اس کا عمل ایک دم الٹ بچ جاتا اور وہ لوگ جو اسے جانتے تھے اس کا عمل سمجھ نہ پاتے۔ جس وقت اس نے لڑکی کو منہ کے بل گرتے دیکھا وہ بالائی منزل سے چیتے کی طرح لپکا اور او لمپک کھلاڑی کی طرح گلی کی چڑھائی پر بھاگنے لگا۔ گلی میں دو چار دکانیں بھی تھیں جن میں رنگ ساز، پکوڑے تلنے والا اور سبزی فروش اس حادثے سے بے خبر گاہکوں سے باتیں کرنے میں مشغول تھے لیکن چند بچے اس سے پہلے پہنچ گئے تھے اور وہ بیل چیئر کو اونچائی کی طرف لے جانے میں مصروف تھے۔ جب ابراہیم جائے حادثہ پر پہنچا، لڑکی کے بل پڑی تھی اور بے ہوش تھی۔ اس کی ناک اور منہ سے لہو رواں تھا اور وہ گردن چھوڑے پڑی تھی۔ نیوی بولر کا اپنے کیمری مفلر سے اس کا چہرہ صاف کر رہا تھا۔

جب بھی ابراہیم پر لمحہ سوار ہوتا اسے خود سمجھ نہ آتی کہ وہ کیا کر رہا ہے؟ اس نے لڑکی کا خون ناک چہرہ دیکھا اور پھر تہ بہ تہ لبھرکر اسے دونوں بازوؤں میں اٹھا لیا۔ جس رفتار سے وہ بغلی گلی میں کھڑی اپنی کار تک پہنچا اور جس تیزی سے اس نے لڑکی کو پچھلی سیٹ پر بٹھک کیا یہ سب کچھ بھی عرفت لمحوں کی بات تھی۔

جب وہ مال روڈ پر کار میں بچاتا تیزی سے جا رہا تھا ——— تو پہلی بار اسے احساس ہوا کہ شاید وہ ہسپتال جا رہا ہے۔

"ہم کہاں جا رہے ہیں ———؟" مترنم آواز میں لڑکے نے سوال کیا۔

"ہسپتال:"
"اچھا جی — !"
شاید وہ لڑکا ساری زندگی سے اچھا جی کہنے کا عادی تھا۔
جس وقت ایمر جنسی کا سٹریچر لایا گیا اسے پورا یقین تھا کہ لڑکی راستے میں ہی کہیں فوت ہو چکی ہے۔ اس کے چہرے اور کپڑوں پر جما ہوا خون تھا اور گرد و دن ایسے مرثی ہوئی تھی جیسے مرثی گئی ہو۔
"آپ جا کر یہ ٹیکے لے آئیں ——— جلدی سے جلدی" ڈاکٹر نے اسے ایک پرچی تھما کر کہا۔
لیکن جب وہ باہر جا رہا تھا تو نرس نے اپنی پیاسے دار آواز میں ہنس کر کہا:
"ڈاکٹر صاحب! اب یہ آ چکا۔ یہ لوگ ایکسیڈنٹ کر کے غائب ہو جاتے ہیں ہمیشہ!"
بھوری بولڈ لڑکا سننا کر کچھ بولا لیکن آواز اس حد تک نہ پہنچ سکی۔ ابراہیم کے جی میں آئی کہ ہسپتال پہنانے کے بعد مزید جھمیلوں میں پڑنے کے بجائے حادثہ کرنے والوں کی طرح بھاگ ہی جائے لیکن دو زیادہ دیر تک گریز کی لائنوں پر سوچ سکنے کا عادی بھی نہ تھا۔ لڑکی کی مرہم پٹی بھی مکمل نہ ہوئی تھی کہ وہ ٹیٹنس کا ٹیکہ اور دوائیاں لے کر واپس بھی آ گیا۔ لڑکا ابھی تک اپنے کیسری منگلے سے لڑکی کے بازد پونچنے میں لگا ہوا تھا۔
یہ دونوں بہن بھائی سی عجیب قسم کے مخلوق تھی، جیسے برعنیر کی ڈکوت جات کے لوگ ہوتے ہیں۔ کچھ پرسن، کچھ گجر، کچھ سامسی لوگوں کی ملاوٹ سے بنا ہوا قبیلہ — ایسے ہی نیم اور منظور بھی اسی ملاوٹ سے بنے تھے۔ رنگتیں کھلا بھیل در اڑوڑوں کی تھیں۔ چہرے کے نقوش نیگرو اور سامی لوگوں کی یاد دلاتے تھے۔ نا عوامی تھے۔ زبان پنجابی آمیز اردو تھی۔ لباس بڑبھڑی کیسے رنگوں کا تھا جن رنگوں کے پیچھے اصل نے اپنی غربی چھپا کی تھی اور ساری شخصیتیں احتیاج، مجبوری، کسر نفسی، معلومت اور بیماری کے جہر سے گندی تھیں۔

اگر ابراہیم سمپورن راگ تھا تو نسیم فقط ایک چیخ تھی۔ جب طرح چپتی کار کسی ٹوٹے کے اوپر سے گزرے تو بھرے سسٹم سے گتی ہے۔ سو سائنٹک کے خلاف ، نفرت کے خلاف خود اپنے وجود کے خلاف یہ چیخ مارتے ہوئے اس نے اپنا ہاتھ منہ پر دھر لیا تھا اور آواز کو دوسرے لوگوں کے کانوں تک پہنچنے نہ دیا تھا۔ ابراہیم چپل دروازوں والی حویلی میں رہتا تھا ایسی حویلی جس کے اندرونی آنگن میں اسلاف کی چند پختہ قبریں تھیں جن پر گھر کے بچے بیٹھ کر تختیاں لکھا کرتے اور گھر کی بڑی بوڑھیاں انہیں اٹھا اٹھا کر کہتیں:

'لمبے کیا زمانہ ہے اپنے بزرگوں کی قبروں پر بیٹھتے شرم نہیں آتی۔ ایک تو تمہاری ماؤں کو سنبھالنے کا طریقہ نہیں آتا ـــــ کھلا چھوڑ رکھا ہے بچوں کو۔ نہ کوئی عقل نہ موت؟'

بچے تھوڑی دیر کے لیے قبروں سے دور سرد رہو جاتے لیکن پھر یہی قبریں کھیل کا مرکز بن جاتیں۔ اور پنچ پنچ کا کھیل تو ان قبروں کے بغیر کھیلا ہی نہ جاسکتا تھا۔ کئی پشتوں سے گھرانہ اکٹھا تھا اور اس کی سالمیت کی دیہہ سے دوسرے گھرانے ان سے ڈرتے اور بد کہتے تھے۔ اس گھرانے میں پیار اور نفرت دونوں ستوازی پٹڑیوں پر بچھی تھی اور گھرانے کی عظمت اس کی روایات ، اس کے سکہ بند اصولوں کی سند بڑی پختہ سے کے ساتھ واں ! واں : اس پٹڑی سے گزر رہی تھی۔

اس حویلی میں گرومی اور آنا خزادی زندگی دونوں کے مکانات بہت روشن تھے۔ جو افراد را نا سانگا کی طرح مرد میدان تھے وہ معرکوں کا وقت گزر جانے کے بعد آنگن میں منگوؤں پر تخت پوشوں پر نیم دراز ہو جاتے اور اپنے تجربات اور اپنے زخم ایک دوسرے کو دکھاتے ۔ داد دیتے اور وصول کرتے ۔ جن کو خاموشی ، تنہائی اور اپنی ہی جلد میں غائب ہو جانے کا شوق ہو تا وہ اس گھر میں سائباند کی طرح اپنے جسم میں ہی اپنا گھر اٹھائے پھرتے اور سرے لوگوں کی یورش ہوتی اور وہ اپنی ہی جلد اپنی ہی آنکھوں اور اپنے ہی ناخنوں کے اندر

غائب ہو جاتے۔

ابراہیم کی ماں دادی کی منظورِ نظر تھی ___ سب سے بڑی بہو ہونے کے ناطے بھی اس کی زندگی پٹ رانیوں کی طرح گزرتی ہوئی ___ پانچ فٹ نو انچ اونچی اور بڑی گہرے دار عورت تھی۔ اس کی انگوٹھیوں سے لدے ہاتھ، بھاری بھاری گول بانہیں، استعمالی اشاروں میں کھلتی بند ہوتی رہتیں۔ دراصل دادی اس سے ایسے ڈرتی تھی جیسے ملک کا صدر پرائم منسٹر سے ڈرتا ہے ___ لیکن اس بیگما کے گھر جب ابراہیم جیسا انوٹھا بیٹا پیدا ہو گیا تو وہ بہت تلملائی۔ ابراہیم سر مہ تھا۔ آنکھوں میں پھر تار رہتا لیکن تکلیف نہ ہوتی۔ چھوٹا تھا تو پہروں پچھلی قبروں پر بیٹھا رہنا۔ نہ کسی سے جھگڑتا نہ کھانے کو کچھ مانگتا۔ اس کی گرانڈ ال ماں اسے بڑا سمجھارتی لیکن وہ کچھ ایسی ٹھنڈی مٹی کا مادہ تھا کہ اس تین منزلہ حویلی کے نیچے ترین کمرے میں گم دھکا ہی نہ گیا۔ پڑھائی میں اتنا نینیر تھا کہ ماں کو آنکھ مارنے کی ضرورت پیش نہ آئی۔ عادت و تربیت کے بغیر من موہنی تھی۔ کسی کو شکایت کا موقع نہ ملتا لیکن شوہر کی موت کے بعد ابراہیم کی ماں خوش نہیں تھی۔ وہ سونے والوں میں سے نہ تھی۔ وہ چاہتی تھی کہ ابراہیم حویلی میں ویسے ہی مانا جائے جیسے اس کے ابا جی کا دبدبہ تھا اور نیچے غلام گردشوں میں ابراہیم کی ماں کا ایک نہلکہ تھا۔ زبان درازی میں وہ حرفِ آخر تھی۔ اس پہاڑ کھاڈنے بڑی کوشش کی کہ ابراہیم جو کو تاہی کچھ ربڑ کی ہڈی مضبوط کرلے اور باپ کی جگہ جلد از جلد پُر کر دے لیکن اس لڑکے کو آنکھ بھوں ٹیڑھی کرنے کی عادت نہ تھی۔ بھمی بھمی اپنی طبیعت والے لڑکے کی اس اپنی گزران پر ماں کا دل کٹ کٹ جاتا چونکہ ابراہیم میں ایسا کوئی نقص نہ تھا جس پر حرف گیری کر سکتی اس لیے دل ہی دل میں کڑھتی۔ دعائیں مانگتی کہ یا میرے مولا! اس کچھ نذر کر تو ہاتھی کی سخت جلد ملا کر۔ کچھ تو اسے بھی حویلی والے محسوس کریں۔ کچھ تو بھی او دھی بر کر دوسروں کو اس کا پاس رہے ورنہ جب بڑا ہو گا تو اس بڑے پر پیار میں، اس کھلے دربار، لوگوں سے لدی پھندی حویلی میں اس کا غریب غریب چلتی بات کو کون سنے گا!

لیکن ابراہیم میں نہ جانے کیا نقص تھا وہ کندھا مارے بغیر، اونچا بولے بنا ہی وقت گزارتا رہا۔ پتہ نہیں یہ بھی ماں کی شخصیت کا رد عمل تھا کہ باپ کے آرزوؤں سے ناکام محبت تھی وہ اٹھتی جوانی میں بوسیدہ نظر آنے لگا۔ جب وہ چھوٹا تھا تو قبروں کے ارد گرد گھومتا تھا۔ جب تعلیم سے فارغ ہو کر اپنے باپ کا بزنس سنبھالا تو تیسری منزل میں کاموں صورت، سنہیاں روپی رہنے لگا۔ تیسری منزل تک بسنور ڈالنے ماں کم ہی جاتی تھی۔ حویلی کی زندگی اس کے ارد گرد کی بھبنتی رہتی تھی۔ چونکہ ابراہیم کے ساتھ میں نفرت یا محبت کی آری یا کٹاری نہ تھی اس لیے وہ ہلکی سی مسکراہٹ کے ساتھ بڑے سے بڑا معاہدہ کر سکتا تھا اور رشتے سے بڑے رشتے کو الگ کیے بغیر بھی گزرِ لمحہ کر سکتا تھا۔

لیکن منظور اور نسیم سے ملنے کے بعد اس کی زندگی میں ایک چھوٹا سا طوفان آ گیا۔ آج تک جس فائل پر ایک بھی مخالفت کا حرف نہ لکھا گیا تھا، وہی فائل اب کرے کرے ہونے لگی اور گھر کا ہر فرد جلے بجھے موڈ میں اس پر زبنگ کرنے لگا۔ وجہ صرف اتنی تھی کہ وہ حویلی کے پچھواڑے والی گلی میں منظور کے گھر کبھی کبھی جانے لگا تھا۔

لیکن منظور کے گھر آنا جانا کچھ تعددِ انہ تھا۔ جس دن وہ نسیم کو ایک جسمی وار ڈیس پر چھوڑ کر حویلی لوٹا، ابراہیم ان دونوں کو بھلا چکا تھا۔ لمحہ گزرنے کے بعد وہ اس کا تابع نہ رہتا۔ دراصل ابراہیم نہ تو خوشی کی بھوار میں نہاتا رہتا نہ ہی غم کے کنارے میں اپنے کو کوسنے کا عادی تھا وہ ان دونوں کیفیتوں کے عین درمیان کہیں آنند سے زندگی بسر کرنے کا قائل تھا۔ اس روز بھی جب نسیم و ہیل چیئر سے گری اور ابراہیم ہسپتال سے گھر لوٹا تو جس وقت اس نے اپنی کافی پر کیو یلٹر کا بٹن دبایا، اس کے ساتھ ہی منظور کا سر کٹ کر گیا اور اس کی عام سادہ بمیر زندگی کا کرنٹ بحال ہو گیا۔ لیکن منظور کی زندگی میں اتنی روشنی آ گئی کہ بے چارہ چندھیا گیا۔ منظور تمام بے آسرا لوگوں کی طرح ایک طاقت در خاندان کے بغیر معاشرے کے انصاف سے تھی، مدتوں سے خالی زندگی گزار رہا تھا۔ اس لیے جب ابراہیم اس کے ساتھ ہسپتال

میں داخل ہوا تو وہ اسے گفتہ برہمستا چاہیے۔ سمجھا کہ اپنے ہاتھ میں کپڑا ہوا پتڑ و مکس سمجھ بیٹھا۔ سارے محلے میں بڑے ملک صاحب کا بیٹا ایک دولہ والی حیثیت رکھتا تھا۔ اس کے ارد گرد کئی کہانیاں پھیلی تھیں۔ اس لیے منظور نے جب ابراہیم کو اتنے قریب سے دیکھ لیا تو اس نے اپنے تمام ملنے والوں کو عادت کی ایک ایک تفصیل سنائی۔ کیسے ملک ابراہیم اسے اپنی سبز مرسیڈیز میں بٹھا کر ہسپتال لائے؟ ــــ کیسے جاتے وقت انہوں نے بتائے بغیر نسیم کے سرہانے ایک ہزار روپے رکھے؟ ــــ کیسے انہوں نے وارڈ کے تمام ڈاکٹروں کو بلا کر منظور کو اپنا محلے دار بتایا؟

منظور کے لیے یہ حادثہ شکر گزاری کا موقع تھا۔ اتنی توجہ، اتنی عافیت اسے آج تک نہ ملی تھی۔ وہ اتنی خوبصورت کار میں بیٹھنے کا جھوٹا سچا خواب بھی نہ رکھتا تھا۔ نسیم کے چہرے پر چپ اپنے لباس زخم نیلا تھا لیکن وہ اندر باہر اتنے زخم کھا چکی تھی کہ اس حادثے کا اس نے بھی دل سے شکر یہ ادا کیا جس نے پورے ایک ہزار روپے ایک بار دیکھنے کو نژ دیے۔ ملک ابراہیم کے چہرے کو چوروں قریب سے تو دیکھا۔

بہت امیر آدمی اور لاپرواہ بے بس غریب آدمی کی زندگی کا سب سے بڑا المیہ یہ ہے کہ وہ بہت چھوٹے واقعات پر اپنے خوابوں کی اساس رکھتا ہے۔۔ امیر آدمی اس لیے کہ اسے دنیاوی جدوجہد سے فراغت ہوتی ہے اور اوقات میں اس سے بہتر مصرف اور کوئی نہیں ہوتا ــــ غریب آدمی چھوٹے واقعات کو زندگی کے نیک شگونوں میں سے سمجھتا ہے۔ ان سے خوابوں کو جنم دینا اس کے لیے کمڑی دھوپ سے بچ کر سائے میں بیٹھنے کا عمل ہوتا ہے جب نسیم صحت یاب ہو گئی اور دوبارہ وہیل چیئر پر آنے جانے لگی تو ایک دن منظور ایک چھوٹا سا ایک شکرانے کے طور پر لے کر حویلی پہنچا ــــ اس وقت وہ کتنی بجانے والوں کی طرح پیسہ پیسہ بگتا تھا۔ حویلی کے پچھلے میں چور دروازہ تھا اور سارا دن بڑا پھاٹک بند رہتا اور اسی بغلی دروازے سے آمد و رفت رہتی۔

منصور کے ہاں میں کیک کا ڈبہ تھا اور وہ اس دروازے کے آگے جیک مانگنے والوں کی طرح کھڑا تھا۔ بڑی دیر وہ یونہی کھڑا رہا۔ آخرِ اس نے جرأت کر کے دروازہ کھٹکھٹایا۔ ایک بوڑھی ملازمہ باہر آئی ـــــــ اور حقارت سے منصور کو دیکھ کر بولی:

"کیا ہے؟"

"ابراہیم صاحب ہیں؟"

"ہیں تو سہی لیکن آرام کر رہے ہیں"۔

منصور کا دل بجھ سا گیا۔

"کیا ہے؟" بڑے گھر کی ملازمہ تو آئے روز ملکوں میں رہتی تھی، ڈٹ کر بولی۔

"یہ کیک انہیں دے دینا"۔

"انہوں نے یہ کیک کیا کرنا ہے۔ ان کو کیک بہتیرے ـــ"

بڑے آدمی کے ساتھ چھوٹا آدمی ایسے تیرتا ہے جیسے لکڑی کے ساتھ لوہا ـــــــ لیکن منصور کے پاس ایسے تیرنے کی امید بھی باقی نہ رہی تو وہ بجھ کر بولا:

"بس تم یہ حقیر سا تحفہ انہیں دے دینا ـــــــ کہنا منصور آیا تھا"۔

"کہہ دوں گی ـــــ"

کچھ لوگ جب اپنے گھر میں نیلڈی کرتے ہیں ـــــــ کسی دعوت کا کھانا منگنی یا شادی کا انتظام، کسی سانحہ کا اہتمام، تو اس وقت انہیں لگتا ہے کہ انتظامات بہت معقول ہیں اور مہمان اس اہتمام کو دیکھ کر بہت خوش اور متأثر ہوں گے لیکن مہمانوں کی آمد پر سارا انتظام نہایت بھونڈا، بے قیمت اور بے ٹھرا لگتا ہے۔ یہی احساس منصور کو واپسی پر ہوا۔ جب اس نے اور نسیم نے مل کر کیک ــــ خرید ا تھا، ان دونوں کا خیال تھا کہ اس کیک سے خاطر خواہ طور پر شکر یہ ادا ہو سکتا ہے۔ اب واپسی پر اسے لگ رہا تھا کہ اس نے موٹی مائی کے ہاتھ کیک پکڑ اکر کچھ ابراہیم کی توہین کی ہے۔

شام کو ابراہیم تیسری منزل سے اترا۔ اس وقت تہمد باندھے ہوئے دالی منصوبہ قسم کی بوڑھی ملازمہ دو کیک بچوں کو دے چکی تھی اور بچے کیک کے ٹکڑوں کو مٹھی بھر بھر کر اس کا چورا بنا رہے تھے اور ٹوٹی کو کھلا رہے تھے

"اوئے احمقو! کیک کتے کو کھلاتے ہیں کوئی!" ابراہیم نے بغیر سختی کے ڈانٹ کر کہا۔

"کوئی بات نہیں ابراہیم بھائی! یہ کیک کھا نا کس نے تھا؟"

"کیوں۔ میں کھا لیتا!"

"آپ کے کھائے دشمن ــــ وہ کالا منظور دے تھا، کیا تھا ــــ منظور! آپ کیوں اس کے ہاتھ کا کیک کھائیں"۔

ابراہیم کے سامنے ایک بار ساری حویلی گھوم گئی۔ یکبارگی سب کچھ ڈولا ــــ کیا ہم اس قدر کاسٹ سسٹم کے شکار ہو چکے ہیں کہ اب اپنے سے نیچے والوں کے ہاتھ سے بھی پوچھ لے کر کھا بھی نہیں سکتے؟

اس سوال کے جواب میں ابراہیم منظور سے ملنے کچواڑے کے ٹوٹے پھوٹے گھروں میں گیا۔

یہ ایک چھوٹی سی اناتھ بستی تھی۔ یہاں متعفن تنگ گلی کے ارد گرد ایک ایک دو دو کمروں کے کچے پکے مکان تھے۔ اگلی میں گورکھنے والے مقیم تھا۔ بہیں گھر گھر پڑے دھوئے ڈالی مائی صغریٰ اور اس کی سدارت۔ بیمار بیمار بنتا تھا۔ یہیں کئی ایسے ٹوٹے پھوٹے لوگ تھے جو زندگی کے ساتھ بغیر کسی قسم کی بک بک کے زندہ رہنے پر مجبور تھے۔

منظور کے گھر کے سامنے چھوٹے بورڈ پر لکھا تھا ــــ "ریڈیو آرٹسٹ"۔

یہ اس نے ملے میں اپنی عزتِ نفس بر قرار رکھنے کے لئے مانگ رکھا تھا کیونکہ سامی زندگی میں اس کا ریڈیو سٹیشن سے کوئی دور کا تعلق بھی نہ تھا اور یہ بھی منظور کو صرف وہی

تھا کہ لوگ اس چھوٹے سے بورڈ کو اٹھا کر کچھ کر کے اس کی عزت بحال کر دیں گے۔ سارا محلہ جانتا تھا کہ منظور کی ماں ایک چھوٹے سے درجے کی گانے بجانے والی عورت تھی جو گھر گھر شادی بیاہ پر جایا کرتی۔ پھر کچھ عرصہ بعد دھوم نے گانا بجانا چھوڑ دیا اور پیشہ کرنے لگی۔ اس میں بھی اتنا ادھار جمع ہو گیا کہ وہ پیشہ چھوڑ کر گھر بیٹھ گئی ـــــــــ لیکن منظور اور نسیم کی مجبوری نے اسے گھر گھر برتن مانجھنے پر مجبور کر دیا۔ اب منظور کی ماں بہت بڈھی ہو چکی تھی۔ وہ کئی بار آنگن میں بیٹھے ہوئے دو خالی کنستروں سے کہہ اٹھتی۔ ایسے منظور خشک دودھ والے کی دکان پہ کام کرنے لگا تھا۔ یہاں اس نے اپنا نام منظور قریشی بتا رکھا تھا لیکن دکان والے بھی گا گ تھے جس طرح مشرق کے لوگ دوسروں کی ہسٹری میں بہت دلچسپی رکھتے ہیں، وہ بھی منظور کی پوری چھان بین کر چکے تھے اور اس کے ساتھ ویسا ہی سلوک کرتے تھے جو اس کے سوشل سٹیٹس کے موافق آتا تھا۔

پہلے تو ابراہیم، ریڈیو آرٹسٹ منظور کے گھر از راہِ مروت آیا۔ پھر بوڑھی دھوم کے اصرار پر ایک دو بار گیا۔ اس کے بعد منظور اور نسیم کی کس کس پہ رسی کے باعث وہ ان کے گھر جانے پر مجبور رہا۔

ابراہیم کو ان تینوں روحوں سے کوئی تعلق نہ تھا۔ وہ نسیم سے محبت کرنا نہ دور کنارہ راغب تک ہونے کا خیال نہ رکھتا تھا۔ اس کی منظور سے بھی کسی لیول کی دوستی نہ تھی۔ اس کے باوجود وہ ان کے گھر جاتا رہا ـــــــ وہ اپنے بڑے نام، بڑے خاندان کی تھوڑی سی عزت ان لوگوں میں بانٹنا چاہتا تھا ـــــــ پردہ تینوں شخص اس کے انتظار میں زندہ رہنے لگے بہرکیف اس توقع سے اپنے آپ کو چھڑانے کے وہ قابل نہ تھا۔

ایک رات جب ابراہیم کی بینڈ رپورٹ دادی کے سامنے پیش کی گئی اور اس کے کچا چٹھا بیان کیا گیا تو آدھی رات گئے تک کانفرنس ہوتی رہی۔ صبح صبح دادی نے ابراہیم کو طلب کیا۔ ابراہیم دادی کے پلنگ کی پائنتی پر بیٹھ گیا۔ وہ بڑے غصے سے ایک دولائی

میں شلغم ڈال رہی تھی۔
"بیٹو ——" دادی نے کہا۔
بڑی دیر خاموشی رہی۔
"آپ نے بلایا تھا دادی ماں؟"
"ہاں —— یہ کیا قصہ ہے؟"
ابراہیم نے چند لمحے قصہ کی نوعیت کے متعلق سوچا، کیونکہ وہ اس قدر سالخوردہ منہ تھا کہ دادی کی بات سمجھ سکتا۔
"میں نے سنا ہے تو منٹو کے گھر جاتا ہے۔"
کچھ کچھ بات گھر گنگمٹ کھول کر سامنے آگئی۔
"بیٹا کبھی کبھی ——"
"یہ جو ظاہر عزت والے لوگ ہوتے ہیں۔ انہوں نے کوئی مفت نہیں عزت دولت کمائی ہوتی۔ پیڑھیاں لگتی ہیں اور غرض جب لوگوں کا دل چاہتا ہے کہ چالاکی سے اس کے حصہ دار بن جائیں۔ بدنامی تو تیری ہو رہی ہے اس بیسوا کا کیا بنائے گا؟"
"لیکن ہوا کیا ہے دادی ——"
"ہوا یہ ہے کہ بدنامی ہو رہی ہے لڑکوں کی —— نسیم پاپی کہنا ہے اس سے نکل آ نہیں تو ڈوب مرے گا۔"
"لیکن نسیم؟ —— وہ بیچاری تو ——"
اس کی نظروں کے سامنے بدشکل گنڈ دیاسی نچڑی نچڑی چپنی چپنی مردہ سی نسیم آ گئی —— کچی سیون کی طرح جا بجا ادھڑی ہوئی نسیم ——
"یہ بے چاریاں ہوتی ہی ایسی ہیں —— قدموں میں بٹھاؤ تو چال مار کر گردی میں آبیٹھتی ہیں —— انگشتری میں رنگ کا پانی نہیں ڈالتے —— یہ بات ہے تم مردوں کی

جب تم کو ڈوب مرنے کے لیے چلو بھر پانی نہیں ملتا تو پھر تم لوگ چلو بھر عورت میں ڈوب مرتے ہو ہمیشہ کے لیے ۔۔۔۔ اگر اس سے بیاہ کر دگے تو میں جان سے مار دوں گی'
نسیم سے بیاہ؟
اس کے لیے یہ خبر ہی دہشت ناک تھی۔

بیاہ کا نام سن کر وہ دیر تک ہنستا رہا۔ ہولے ہولے۔ پھر اس کی آنکھوں میں آنسو آ گئے اور آہستہ آہستہ گالوں پر بہنے لگے۔ اس کے باپ نے ساری عمر آدرشوں سے بڑی محبت کی تھی۔ اخوت کا سبق ۔۔۔۔ حبّ الوطنی کا سبق ۔۔۔۔ ایثار و محبت کی تعلیم دی تھی۔ ان آدرشوں کی کج دور محبت پتہ نہیں کن راستوں سے سفر کر کے اس تک آ گئی تھی۔
وہ ہولے ہولے ہنستا رہا اور آنسو اس کی گالوں پر بہتے رہے۔

'دادی ہاں ۔۔۔۔ یہ بات تمہارے ذہن میں کہاں آئی کیسے ۔۔۔۔ یہ خواب تو نسیم نے بھی کبھی نہیں دیکھا ہو گا'
'اس نے یہ خواب دیکھا ہو یا نہ دیکھا ہو، تُو نے ضرور دیکھا ہو گا۔ مردوں کی ایسی ہی مت ہے۔ تُو کون سا اپنے باپ سے کم ہے!'

ابراہیم بڑے اینٹھے پن سے اٹھا اور تیسری منزل پر جا رکا۔
دادی بے چاری آنسوؤں کے ایک ہی معنی جانتی تھی۔ محرومی ۔۔۔۔ نارسائی ۔۔۔۔ آرزومندی ۔۔۔۔ دادی کے انتر دھیان سے بھی پرے تھا کہ کبھی کبھی ایسے آنسو بھی آ جاتے ہیں جو دوسروں کی آنکھوں سے مستعار لیے ہوتے ہیں۔ ابراہیم جو گہرے کرب سے جھلا جھل رہا یا تو وہ اپنی محرومیوں کے آنسو نہ تھے بلکہ یہ وہ منجمد آنسو تھے جو آج تک نسیم اپنی حالت پر بہا نہ سکی تھی۔ جو دھیما در منظور کی آنکھوں میں کبھی کے سوکھ چکے تھے۔

ابراہیم ٹھیٹ کا آدمی تھا۔ اسی لیے اس نے فیصلہ بھی اسی ٹھیٹ کیا کہ وہ پیر منظور کے

گھر نہیں جانے گا۔ اس کی وجہ کچھ یہ نہ تھی کہ وہ دادی سے بدکتا تھا۔ اس کی وجہ کچھ یہ بھی نہیں تھی کہ اب وہ نسیم کا پنپنے سے انکاری تھا۔۔۔۔۔ بلکہ یکدم اس پر یہ حقیقت کھلی تھی کہ اگر بدنامی کی بانہیں کسی طور پر کسی موہی پل کے ساتھ ساتھ۔ بوڑھی دھوں کے کانوں میں جا پہنچیں تو اس آسیب دیدہ عورت کا کیا بنے گا۔ ایک قیامت آجائے گی ۔۔۔۔۔ حویلی میں نہیں ۔۔۔ منظور کے گھر میں بھی نہیں ۔۔۔ بلکہ ملک ابراہیم کی ذات میں۔ اس کی طرف دو ایک بار بلاوا آیا۔ کبھی کبھی منظور کے ساتھ گلی میں ٹکرا بھی ہو جاتا لیکن اس نے اس بالان کہ دوبارہ اپنی پیٹھ پر نہیں لادا۔۔۔۔۔ اس بندر آشنائی سے جو دکھ دھوں کے خاندان کو ہوا ہوگا وہ ایک اور دکھ بھری کہانی ہے جو انسانی دلوں پر گزرتی ہی رہتی ہے لیکن دادی کے ایک ہی دکھے سے ابراہیم کی عزت بحال ہوگئی اور اس کی گراں ڈیل مینا دقی جیسی ماں نے شکر کا سانس لیا۔

کئی سال گزرنے پر اس شام ایک فیصلہ کن واقعہ اور ہوا۔

ٹہ نشین پر کھڑے ہو کر اس نے حضرت امام حسین کے گھوڑے کو دو گھڑے کو پیچھے امام باڑے سے نکلتے دیکھا تھا۔ سندلی خوبرو جوان، سیاہ لباسوں میں، دیوانہ وار ساتھ ساتھ جار ہے تھے۔ سب کی آنکھوں سے ایسے آنسو رواں تھے جنہیں دادی نہیں پہچانتی تھی۔ سارکی گلی میں پاؤں ٹکانے کی جگہ نہ تھی۔ امام باڑے سے اندھی شام میں ماتم کرنے والوں کی آؤ دھکا زخمی ہو کر اوپر ٹہ نشین تک آگئی تھی۔ گلی میں کوئی کوئی گھر روشن ہو گیا تھا لیکن بجلی کے کھمبوں پر روشنی نہ ہوئی تھی۔ کوٹھوں پر عورتیں دو ہری تکلیپں مارے ایک اور علم میں زندہ دم بخود گردنیں جھکائے نیچے گلی میں دیکھ رہی تھیں۔

ہوا میں گرمی تھی سانسوں کی ۔۔۔ آہوں کی ۔۔۔ آہ رشٹوں کی ۔۔۔ ایک بستی گڑی کے سوگ کی پکار ہر طرف پھیلی تھی۔ انسان کو اگر پوری طرح خوشی راس آ بھی جائے تو بھی وہ غم کیے بغیر زندہ نہیں رہ سکتا۔ کیونکہ کئی غم ایسے بھی ہوتے ہیں جن کا ذاتی خوشی یا اس

کے فقدان سے کوئی تعلق نہیں ہوتا ــــــ اندر ہی اندر یہ شفا بخشنے والا غم روح کو اُجھلا کرتا ہے ۔۔۔۔۔ حضرت مسیحؑ کا سوگ ۔۔۔۔۔ کربلا کے واقعہ کا بین ۔۔۔۔ دیوارِگریہ کے آنسو ۔۔۔۔۔ میدانِ سینا کے بن باس کا غم ۔۔۔۔۔ ۔

لیکن دادی کیسے سمجھ سکتی تھی کہ انسان نے اپنی تمام خوشیوں کے ادھ پر غم کا سائبان تان رکھا ہے ــــــــ اور وہ اس سائبان تلے آنند کی گھڑیاں گزار سکتا ہے ۔

پھر غمِ حسینؓ میں سال بھر کے لیے شفا یاب ہونے والے اس کی گلی میں سے گزرنے لگے ـــــــ شام ہو چکی تھی لیکن ابھی بہت بہرام جلسی دینے والی گرمی تھی ـــــــ تمام لوگ گرمی اور کچھ آدرش کے غم میں نڈھال تھے ۔ ہونٹوں پر پپڑیاں جمی تھیں ۔ بالوں میں دھول تھی ـــــــ تمام ماتم کناں پیاسے تھے ۔

ابراہیمؑ شہ نشین پر ٹانگ دھرے نیچے دیکھ رہا تھا لیکن وہ لمحے کا آدمی تھا نا نیچے کی سوچ کے تابع تھا۔ وہ ننگے پاؤں نچلی منزل میں پہنچا۔ گھر خالی اور سنسان تھا۔ اس نے جگ میں ٹھنڈا پانی انڈیلا اور آنسوؤں کے سوا گت کے لیے گلی میں پہنچ گیا۔ وہ کئی بار جگ لایا اور کئی جگ لایا۔ لوگ آہستہ آہستہ گھروں کو رخصت ہو گئے۔ کمروں کے بلب جل اٹھے۔ عورتیں کوٹھوں سے اتر گئیں اور شامِ غریباں کا نوحہ امام بارے سے آنا بند ہو گیا۔ تر ساں و خیز راں کئی جوان گلی میں سے آہیں بھرتے چلے گئے ۔۔۔۔۔ لوگوں کی گہما گہمی کسی دوسری گلی میں منتقل ہو گئی لیکن ابراہیم بغلی پھاٹک کے سامنے اس وقت تک کھڑا رہا جب تک اسے دلوری اماں کا بلاوا نہ آگیا ۔

وہ پانی کے جگ سمیت اوپر گیا ـــــــ

دادی کے بوڑھے ہونٹوں پر تازہ پان کی سرخی تھی اور اس کے ابرو ڈنک کے درمیان غصے کی بھاری لکیر تھی ۔

" تجھے کیا ہو گیا ہے ابراہیمؑ ــــــــ "

"چپ چاپ پانستی، میٹرو گیا، اور دادی دیر تک سینس کی طرح سر ہلاتی رہی۔
"تجھے ہوا کیا ہے؟"
"کیا ہوا ہے مجھے؟"
"سمجھا ایسے ہوا ہے پہلے؟"
"کیا نہیں ہوا دادی؟"
"تجھے ذرا بھی ملکوں کی عزت کا پاس نہیں؟ ۔۔۔ یہ سوشل سروس نہیں ہے ابراہیم مگر اپنی ناکامی کی تسکین کرلے ہے غلط طریقوں سے ۔۔۔ تیرا باپ دد دھ کی سبیل لگوا تا تھا یوں کر۔ ہمارے ہاں سے جو ختم دلایا جاتا ہے اس کا کوئی مقابلہ ہے ۔۔۔ لیکن اپنے ہاتھ میں جگ پکڑ کر پانی پلاتے پھرنا ۔۔۔۔ توبہ ۔۔۔!"

"غم کی پذیرائی کے لیے خود نہ نکلتا دادی ماں ۔۔۔ خشک چہروں کے لیے تو ڑا سا پانی اپنے ہاتھوں میں لے کر نہ جا سکتا ۔۔۔ میں تو انسانوں کے سانچے میں ڈھل کر سلام کرنے نکلا تھا دادی ۔۔۔"

"میں ۔۔۔ میں کیا کہوں اب۔ لاکھوں خرچ چکے ہیں تیرے باپ نے۔ ہزاروں گھر بسائے پڑمہ اپنا ملک کبھی چھوڑا نہ کسی اور کا چھیڑا ۔۔۔ اس نے بھی بنی نوع کی بڑی خدمت کی تھی ۔۔۔ پر تیری طرح اپنی اغراض کے غبارے میں گیس کبھی نہیں بھری تھی ۔۔۔ یہ سب کیا سمجھتے ہوں کے گلی والے ۔۔۔ بھولے لوگ ۔۔۔ ان سے تو ہلکی بول چال بھی نہیں ہے ۔۔۔ تو نے اپنے ہاتھوں سے انہیں پانی پلایا ۔۔۔ توبہ توبہ ۔۔۔ تجھے ہر الٹے کام کا کتنا شوق ہے ابراہیم ۔۔۔"

"میں جا رہا ہوں دادی اماں ۔۔۔ آپ کا وطن چھوڑ کر ۔۔۔ میں ایسے حالات میں اب یہاں ایک منٹ نہیں رہنا چاہتا ۔۔۔"

"کیوں ۔۔۔ کیا ہو ا ہے نماز سے وطن کو؟ ۔۔۔ جنگ چھڑ گئی ہے؟ ۔۔۔ سیلاب

آگیا ہے کوئی اندرونی فسادات شروع ہو گئے ہیں جن کی وجہ سے جاگ رہے ہو؟"۔
"جہاں خاک دب کر آپ کی ناپاکی صاف کرنے کے ساتھ ساتھ نفرت کا سلسلہ بھی
ملے ۔ جہاں ستر سالہ تائب طوائف کو پاکیزگی کا بوجھ اور عبادت کی سختی بھی چھینا پڑے
اور کبڑی کی خفیف صدائیں بھی اس کے خفیف وجود کو ثبتی رہیں۔ جہاں بہتر فرقے با آواز
بلند پکاریں کہ مسیح موعود آنے والے ہیں گم ایک تنتر وال فرقہ اگر کہہ بیٹھے کہ وہ آ چکے ہیں
تو اقلیت ـــــــــ ! یہاں میں نہیں رہ سکتا۔ اے ماں ۔ نہیں رہ سکتا ـــــــــ ہمارے معاشرے
میں غربت ہی گالی، 'بیٹی بوجھ ـــــــــ ذات پات عین دین ہے دادی ماں ـــــــــ میں کسی ایسے
ملک میں چلا جاؤں گا جہاں کا نہ معاشرہ میرا ہو گا نہ اس کا قانون میں نے تشکیل دیا ہو گا
ـــــــــ وہاں میں صرف اپنے گناہوں کا جواب دہ رہوں گا اگر جرم کروں گا تو صرف خود سزا
پاؤں گا ـــــــــ گمراہ ہوں گا تو اکیلا میں اس معاشرے کے گناہوں اور جرائم کی شرمساری
اپنی گردن پر لے کر مرنا نہیں چاہتا۔ چلئے آپ مجھے بزدل کہہ لیں ـــــــــ ایسا ہی ہے
ـــــــــ میں اگر اس تنگ نظر، تنگ اوقات معاشرے کا مقابلہ نہیں کر سکتا تو یہاں
سے ہجرت تو کر سکتا ہوں! ـــــــــ ہجرت تو کر سکتا ہوں!۔، ہجرت تو کر سکتا ہوں!"
اصدات ـــــــــ

جب کچلی گلیوں سے ابھی بھی رونے کی آوازیں آ رہی تھیں، ابراہیم اپنا سامان
باندھ تیار بیٹھا۔
یہ بھی سنا گیا ہے کہ ملک ابراہیم جب ایک بار سوئٹزر لینڈ چلا گیا تو اس نے حویلی
والوں کو پتہ کر کے کوئی خط نہیں لکھا ۔ اس کی ماں جب کاٹھ کٹھ سنگ ساری حویلی میں چلتا تھا
رانی بیٹھا وقتی کی طرح سارے کمروں میں بیگن ڈلا کرتی تھی لیکن اس کا ماتم کچھ اور ہو کر تا۔
وہ ہر ایک سے کہتی :
"ابراہیم کو تو ابھی جیب نے بیا بنایا تھا، ابھی تو اس کی کوئی خوشی پوری نہ ہوئی تھی پھر

وہ کس لیے ماں کو چھوڑ گیا ـــــــ کس لیے اس نے جلاوطنی اختیار کی؟ـــــ اس کے چندن سے بدن نے کوئی مُسکھ نہیں دیکھاـــــــ کیا کر تا ہو گا پردیس میں میرا ابراہیم؟ لیکن جب آدمی اپنے آدرشوں کو نہ تحریکوں میں ڈھال سکے نہ قدم ان کے ساتھ چل سکے تو پھر جوگ لیے بغیر اور کونسا چارہ رہ جلتا ہے؟ کہتے ہیں جب ارد زرا جگہ گری چند نے ملکوں کی حویلی سے نکل کر جوگ لیا اور کرم بھوگ پورا کر لیا، اس رات ہلکا سا زلزلہ لاہور شہر میں آیا تھا ـــــــ باقی شہر تو سلامت رہا صرف منظور کے گھر کی چھت گر گئی اور اس کے ملبے تلے کرسی سمیت نسیم دفن ہو گئی ـــــــ

حویلی والوں کا بیان ہے کہ حویلی میں زلزلہ محسوس تک نہ ہوا ـــ صرف آنگن میں بنی ہوئی ملک ابراہیم کے باپ کی قبر میں الیاثگان آ گیا تھا جس سے آہستہ آہستہ پانی رستا رہتا تھا!

قطرہ قطرہ ـــــــ

بوند بوند ـــــــ

آنسو آنسو ـــــــ

―

منتخب عصری افسانوں کا ایک اور مجموعہ

پسپائی

مصنفہ : بانو قدسیہ